✦ 111 LECKERE ✦
LOW CARB
REZEPTE

111 LECKERE LOW CARB REZEPTE

Mit 28 Tage Low Carb Ernährungsplan

BESTSELLER PROGRAMM

Sandra & Mirco Stupning

Vorwort

Hallo liebe Freunde der Low Carb Küche,

voller Freude und Stolz dürfen wir euch unser neues Kochbuch präsentieren. Es macht uns sehr glücklich, dass ihr euch entschieden habt, viele leckere Rezeptideen mit wenig Kohlenhydraten auszuprobieren. Auf euch warten 111 Rezepte und ein dazu passender Low Carb Ernährungsplan.

Wir mögen es bunt! Deshalb packen wir beim Einkaufen schon zu Beginn unseren Korb richtig voll - mit frischen Zutaten aus der Gemüse- und Obstabteilung. Vielleicht ist euch der Spruch "Iss in den Farben des Regenbogens" bekannt? Dieser Spruch macht deutlich, dass eine Vielfalt an Gemüse und Obst auf dem Teller wichtig ist, um viele Nähr- und Vitalstoffe zu bekommen. Wir alle wünschen uns einen gesunden, fitten und leistungsfähigen Körper, also beherzt den Regenbogen-Spruch und greift zu frischen, unverarbeiteten Lebensmitteln beim Einkaufen. In diesem Buch findet ihr viele Rezepte mit frischen Zutaten, die in der Regel in jedem Supermarkt zu finden sind.

Unser Low Carb Ernährungsplan soll euch bei der Umsetzung unterstützen und helfen, ein besseres Gefühl für die Zusammensetzung der verschiedenen Mahlzeiten zu bekommen. Natürlich ist dies kein in Stein gemeißeltes Konzept, das strikt und starr genauso umgesetzt werden muss. Traut euch und findet euren ganz persönlichen und eigenen Weg in die gesunde Low Carb Ernährung. Rezepte, die vielleicht so gar nicht passen, können einfach im Ernährungsplan ersetzt werden. Empfehlenswert ist es, sich dabei an den ursprünglichen Nährwerten zu orientieren, damit die Tagesmenge an Kalorien und Nährwerten annähernd gleich bleibt. Wichtig ist, dass euch das Konzept Low Carb Spaß macht und ihr mit Freude dabei seid.

Lasst euch inspirieren von leckeren Rezepten, die euch bei einer gesunden Lebensweise unterstützen, die Vitalität fördern und beim Abnehmen helfen.

Jetzt gibt es für uns nur noch eins zu sagen: Viel Freude und Erfolg mit unserem Buch!

Sandra & Mirco

Ernährung

ODER EINFACH GESAGT: DU BIST, WAS DU ISST!

Unsere Ernährung hat einen großen Einfluss auf unser Leben. Wir können mit dem, was wir essen, unseren Körper mit allen wichtigen Stoffen versorgen, um gesund und leistungsfähig zu bleiben, wenn wir wissen, worauf es ankommt und auf was wir achten sollten. Die Lebensmittel, die wir zu uns nehmen, spielen dabei eine entscheidende Rolle.

In der gesunden Low Carb Ernährungsweise richten wir unseren Fokus auf Lebensmittel, die weniger Kohlenhydrate enthalten, unsere Gesundheit fördern und uns trotzdem satt und glücklich machen.

Besonders Lebensmittel, die natürlich und unverarbeitet sind, sollten auf dem Speiseplan stehen. Hierzu zählen vor allem pflanzliche Lebensmittel wie Gemüse und Obst, Hülsenfrüchte und auch Vollkorngetreide.

Warum ist es besser, Low Carb zu essen?

Viele Menschen essen täglich einen Überschuss an Kohlenhydraten, den ihr Körper nicht vollständig verarbeiten kann. Tätigkeiten, die überwiegend im Sitzen ausgeführt werden und mangelnde Bewegung führen dazu, dass einfach zu wenig der aufgenommenen Kohlenhydrate verbraucht werden. Die meisten Berufe verlangen uns keine schweren körperlichen Arbeiten mehr ab. Wir sind also gar nicht darauf angewiesen, große Mengen an Kohlenhydraten mit dem Essen aufzunehmen.

Wer tagsüber nur Brötchen, Cornflakes, Kekse, Pasta, Pommes & Co. isst, sich aber wenig bewegt, der hat am Ende des Tages einen großen Kohlenhydratüberschuss. Der Körper lagert die überschüssige Energie ein - in der Regel in Fettdepots als Notreserve für Zeiten des Hungers, diese treten in den meisten Fällen aber nie ein.

Die Konsequenz einer kohlenhydratreichen Ernährung bedeutet oft steigendes Gewicht und immer weiter wachsende Fettpölsterchen, so dass es zu Übergewicht bis hin zu Adipositas kommen kann. Aber auch andere gesundheitliche Folgen können auftreten.

Zu viele Kohlenhydrate in der Ernährung fördern Krankheiten, die langsam und meist erst unbemerkt entstehen, beispielsweise eine Fettleber und Entzündungskrankheiten. Dabei gilt es zu beachten, dass das nicht nur Menschen mit Übergewicht trifft, sondern auch diejenigen, mit einem normalen Gewicht. Auch Krebserkrankungen und Diabetes hängen oft mit einer kohlenhydratreichen Ernährung zusammen.

"Low Carb"
bedeutet übersetzt
"wenig Kohlenhydrate".

Weniger Kohlenhydrate essen heißt in der gesunden Low Carb Ernährung vor allem: weniger Zucker und weniger raffiniertes Mehl - besonders Weißmehl konsumieren. Denn die meisten Lebensmittel, die eine große Menge dieser "schlechten" Kohlenhydrate beinhalten, liefern keine wichtigen Nährstoffe. Sie machen nur kurzzeitig satt und stillen den Heißhunger, sind aber sonst nichts weiter als leere Kalorien.

Eine zuckerreiche Ernährung kann außerdem dazu führen, dass wichtige Hormone durcheinander gebracht werden, vor allem das Insulin, das für die Energiespeicher zuständig ist.

Wie kann ich Kohlenhydrate reduzieren?

Zuallererst solltest du einen Blick auf dein persönliches Essverhalten werfen. Hilfreich kann hier das Führen eines Ernährungs-Tagebuches sein, wo du genau aufschreibst, was du wann und in welcher Menge gegessen hast.

DOWNLOAD VORLAGE ERNÄHRUNGS-TAGEBUCH

lowcarbrezepte.org/b5-downloads

So kannst du am Ende des Tages leichter auswerten, wie viele stark kohlenhydrathaltige Lebensmittel du wirklich zu dir genommen hast.

Für einen besseren Überblick solltest du alles, was du isst, ein paar Tage hintereinander so genau wie möglich notieren.

Um erfolgreich die Menge an ungesunden Kohlenhydraten zu reduzieren, empfiehlt es sich, auch auf versteckten Zucker zu achten. Denn in vielen verarbeiteten Lebensmitteln ist weißer, raffinierter Zucker enthalten.

Beispiele für Lebensmittel, die viele ungesunde Kohlenhydrate enthalten

Erfrischungsgetränke und Softdrinks enthalten viel Zucker, den wir Schluck für Schluck unbemerkt hinunterspülen. Fettarme Produkte würden eher fade schmecken, darum wird von der Industrie Zucker hinzugefügt, dazu zählen sogar einige Käse- und Wurstprodukte. Fruchtjoghurts, die meisten Müslis und Frühstückscerealien enthalten viele ungesunde Kohlenhydrate, auch Saucen wie Ketchup und natürlich Süßigkeiten. Nicht zu vergessen sind verarbeitete Lebensmittel mit Weißmehl wie Gebäck und Kekse, Nudeln, Chips und Knabbereien, die sich als richtige High Carb Happen herausstellen und wo sich "hier ein Stück und da ein Stück" ganz schnell zu einer ordentlichen Menge summiert.

Was ist mit Lebensmitteln, die natürlichen Zucker enthalten?

Mit Sicherheit wird auch Obst in deiner Auflistung im Ernährungs-Tagebuch auftauchen. Und ja: Obst enthält auch Zucker, jedoch wirkt sich dieser natürlich vorkommende Frucht- und Traubenzucker anders auf den Stoffwechsel in deinem Körper aus als weißer Industriezucker.

Frische Früchte versorgen uns zusätzlich mit Ballaststoffen, Nährstoffen und Vitaminen - wir nehmen damit also keine leeren Kalorien zu uns, sondern komplexe Nahrungsmittel. Zuckerarme Obstsorten dürfen täglich auf dem Speiseplan stehen, dazu gehören Beeren aller Art, Kiwi, Papaya, Grapefruit, Wassermelone, grüne Äpfel und auch Kirschen.

Erst auswerten - dann reduzieren, streichen oder tauschen

Alle Speisen, die Zucker und (Weiß-)Mehl enthalten, markierst du in deinem Ernährungs-Tagebuch mit einer roten Farbe, so siehst du direkt, wann und wie oft du ungesunde und kohlenhydratreiche Lebensmittel gegessen hast.

Es kann durchaus vorkommen, dass du bei der Auswertung deines Ernährungs-Tagebuches erschrocken bist, was du da täglich in dich "hinein stopfst". Jetzt heißt es, Stück für Stück reduzieren, streichen und gegen gesündere Alternativen tauschen.

Gehe Stück für Stück vor reduziere eins nach dem anderen

Du muss nicht alle ungesunden Lebensmittel von heute auf morgen sofort streichen. Hilfreich ist es, Stück für Stück zu reduzieren bzw. mit der Streichung von ein bis zwei Lebensmitteln zu beginnen.

Am einfachsten ist es, mit den Getränken zu starten. Hier kannst du Softdrinks, Säfte & Co. zuerst mit Mineralwasser verdünnen und dann schrittweise zu Wasser übergehen. Am gesündesten für unseren Körper ist es, ausreichend stilles Wasser über den Tag verteilt zu trinken.

Gehe in ähnlicher Weise mit den anderen Lebensmitteln vor. Reduziere Süßigkeiten, Backwaren und so weiter. Räume deine Küchenschränke leer und sortiere aus.

WIR EMPFEHLEN DIR, DIESE LEBENSMITTEL ZU STREICHEN

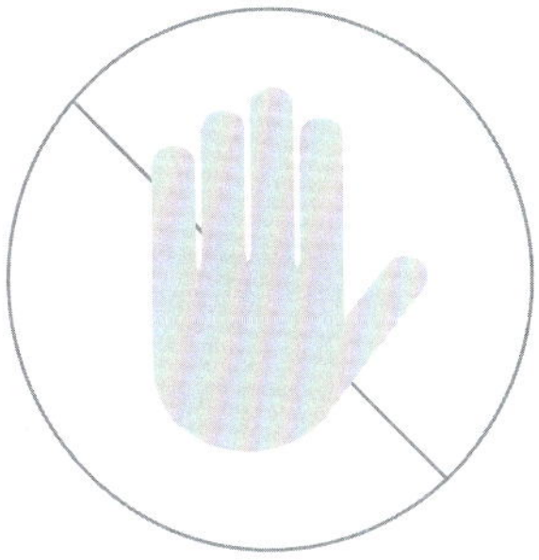

- Brot und Gebäck aus Weißmehl
- Cornflakes und fertige Müslimischungen
- Zucker und Süßigkeiten
- Softdrinks und Fruchtsäfte
- Pasta aus Weißmehl und weißen Reis
- Fast Food wie Burger, Pizza, Pommes & Co.

Nimm dir Zeit für deine Ernährungsumstellung

Nachdem du jetzt weißt, welche Lebensmittel du in Zukunft besser meiden solltest, möchten wir dir noch einen wichtigen Hinweis geben: Gib deinem Körper Zeit.

Vor allem am Anfang der Ernährungsumstellung. Es kann vorkommen, dass du beispielsweise Kopfschmerzen verspürst, nachdem du mit der Low Carb Ernährung gestartet bist. Das könnte daran liegen, dass deine bisherige Ernährung sehr kohlenhydrathaltig war - besonders, wenn du viel Zucker zu dir genommen hast, reagiert dein Körper auf die Reduzierung des Zuckerkonsums. Man könnte die Kopfschmerzen auch als Entzugserscheinung bezeichnen.

Der Körper entgiftet und es kann ein paar Tage dauern, bis sich dein Organismus normalisiert hat. Eine Umstellung geht nicht in Minuten, sondern der Körper benötigt etwas Zeit, um sich auf die neue Ernährung einzustellen. Wichtig ist, dass du viel trinkst, um deinen Körper bestmöglich zu unterstützen.

So kannst du Lebensmittel tauschen

Natürlich heißt Low Carb nicht, dass du auf alles verzichten musst. Du kannst Lebensmittel, die nicht in die gesunde Low Carb Ernährung passen, austauschen. Eine Übersicht, wie du Lebensmittel mit leckeren Low Carb Alternativen tauschen kannst, haben wir auf der nächsten Seite für dich zusammengestellt.

LEBENSMITTEL TAUSCHEN, SO GEHT'S

Nudeln aus Weizen	→	Nudeln aus Gemüse, Hülsenfrüchten, Konjakwurzel, Vollkorn
weißen Reis	→	Reis aus Blumenkohl, Konjakwurzel, Vollkornreis, schwarzer Reis
Kartoffeln, Kartoffelbrei, Bratkartoffeln	→	Gemüse gekocht, gestampft, gebraten
Pommes	→	Pommes aus Kohlrabi, Süßkartoffel, Zucchini im Ofen gebacken
Brot und Brötchen	→	Low Carb Brot und Brötchen
Pizza	→	Pizza aus Blumenkohl oder Low Carb Mehlen
Raffiniertes Weizenmehl (Weißmehl)	→	Nuss-, Leinsamen-, Kokos-, Sojamehl, Vollkorngetreide
Zucker	→	Xylit, Erythrit, Kokosblütenzucker, Honig, Agavendicksaft, Ahornsirup
Fertiggerichte, Back- und Saucenmischungen	→	frische Gerichte
Müslis und Cornflakes aus der Packung	→	selbstgemachtes Müsli mit Nüssen und Kernen
Softdrinks und Limos	→	Wasser mit frischen Früchten
Säfte	→	Schorlen mit Direktsaft, Tee
Eis fertig gekauft aus der Packung	→	selbst gemachtes Eis aus Früchten
Bonbons, Gummibärchen, Süßes	→	Beeren und Trockenfrüchte
Kuchen und Kekse	→	Gebäck mit Nüssen, Nussmehlen, Vollkorn
Schokolade	→	dunkle Schokolade mit hohem Kakaoanteil, Kakao Nibs
Riegel, Pralinen und Konfekt	→	Riegel und Energie-Balls aus Nüssen und Früchten

Die Komponenten
DER ERNÄHRUNG

Die Ernährung des Menschen ist sehr vielfältig. Unser Körper benötigt gute Kohlenhydrate, gute Fette, gute Eiweiße und ausreichend Mineralstoffe, Vitamine, Spurenelemente und Wasser, um richtig zu funktionieren und alle Aufgaben des täglichen Lebens gut meistern zu können. Die Hauptbestandteile unserer Nahrung stellen die energieliefernden Nahrungsbestandteile Kohlenhydrate, Fette und Eiweiße dar - auch Makronährstoffe genannt. Doch auch die Mikronährstoffe, zu denen Vitamine und Mineralstoffe zählen, sowie Ballaststoffe, Spurenelemente und sekundäre Pflanzenstoffe, spielen eine wichtige Rolle und sollten nicht außer Acht gelassen werden.

Kohlenhydrate

Kohlenhydrate liefern Energie. Wir benötigen sie vor allem für die Verbrennung in der Muskulatur und für das Gehirn. Kohlenhydrate kommen in unterschiedlicher Form vor. Die Grundbausteine sind Einfachzucker. Diese werden sehr schnell vom Körper aufgenommen und liefern Energie, die sofort verfügbar ist.

Beim Verzehr von einfachen Kohlenhydraten steigt der Blutzuckerspiegel schnell rapide an, sinkt aber auch genauso schnell wieder ab. Das hat zur Folge, dass der Körper nach kurzer Zeit wieder ein "Hunger"-Signal aussendet - vielen auch bekannt als Heißhunger. Einfachzucker steckt vor allem in Lebensmitteln, die viel Zucker und Weißmehl enthalten.

Ein ständiges Auf und Ab des Blutzuckerspiegels ist nicht gesund. Bei der Wahl der Kohlenhydrate sollten wir deshalb zu Lebensmitteln greifen, die komplexe Kohlenhydrate beinhalten. Diese bestehen aus Mehrfachzuckern und werden vom Körper langsamer aufgespalten. Sie führen zu einem längeren und moderaten Anstieg des Blutzuckerspiegels. Das hat auch zur Folge, dass wir länger satt sind.

Lebensmittel mit komplexen Kohlenhydraten enthalten zudem weitere gesundheitsfördernde Stoffe - man bezeichnet diese Kohlenhydrate auch als gute Kohlenhydrate. Sie sind beispielsweise in Gemüse, Hülsenfrüchten, Nüssen, Obst, Vollkorngetreide enthalten.

Fette

Fette sind die Energielieferanten schlechthin, denn sie liefern doppelt so viel Energie wie Eiweiße oder Kohlenhydrate.

Die Aufgaben von Fett im Organismus sind vielfältig. Fett liefert essenzielle Fettsäuren, transportiert die fettlöslichen Vitamine A, D, E und K, ist Baustein von Zellen und Nerven, Schutzpolster für Organe und Träger von Aromen- und Geschmacksstoffen.

Ähnlich wie bei den Kohlenhydraten kommt es auch beim Fett darauf an, welche Lebensmittel gegessen werden und wie viel davon auf dem Teller landet.

Fette bestehen aus verschiedenen Fettsäuren. Sie werden in gesättigte Fettsäuren, einfach ungesättigte und mehrfach ungesättigte Fettsäuren unterteilt. Gute Fettquellen liefern hochwertige, einfach oder mehrfach ungesättigte Fettsäuren, darunter für den Stoffwechsel essenzielle Omega-3- und Omega-6-Fettsäuren.

Gesättigte Fettsäuren werden dagegen selbst vom Körper hergestellt und müssen nicht zwingend mit der Nahrung zugeführt werden. Gute Fettquellen sind beispielsweise Olivenöl, Avocado, Mandeln, Cashewkerne, Walnüsse, Leinsamen, Hülsenfrüchte, frischer Fisch vom Fischer, beispielsweise Zander, alternativ Wildlachs, Thunfisch, Makrele, Hering.

Eiweiße

Eiweiße, auch Proteine genannt, werden im Körper vor allem für den Muskel- und Zellaufbau benötigt. Sie sind die grundlegenden Bausteine aller lebenden Zellen und werden aus Aminosäuren gebildet. Man unterscheidet diese in

- **essentielle Aminosäuren**
  unentbehrlich für den Körper und müssen mit der Nahrung zugeführt werden

- **semi-essentielle Aminosäuren**
  bedingt entbehrlich für den Körper

- **nicht essentielle Aminosäuren**
  entbehrlich für den Körper, da er diese selbst herstellen kann

Da unser Körper keinen Eiweißspeicher besitzt, müssen wir regelmäßig ausreichend Eiweiß mit der Nahrung aufnehmen. Für die Eiweiß-Grundversorgung wird eine tägliche Menge von 0,8 - 1 g Eiweiß pro Kilogramm Körpergewicht empfohlen.

Der Wert kann auf 1,8 - 2,2 g pro Kilogramm Körpergewicht bei Menschen erhöht werden, die Muskeln aufbauen oder Muskeln im Fettabbau erhalten wollen. Gute Eiweißquellen: Eier, Hülsenfrüchte, Nüsse, Fisch, Fleisch, Milchprodukte.

Mikronährstoffe & Co. sind nicht zu unterschätzen

Vitamine, Mineralstoffe, Spurenelemente, Ballaststoffe und sekundäre Pflanzenstoffe spielen ebenfalls eine wichtige Rolle in der gesunden Ernährung. Der Körper benötigt die verschiedenen Stoffe, um einen reibungslosen Ablauf zu gewährleisten. Enthalten sind Vitamine, Mineralstoffe und Spurenelemente in pflanzlichen und tierischen Lebensmitteln. Ballaststoffe und sekundäre Pflanzenstoffe sind hingegen nur in pflanzlichen Lebensmitteln zu finden.

Ballaststoffe sorgen für geregelten Stuhlgang, nehmen Einfluss auf im Dickdarm vorkommende Bakterien und helfen beim Abnehmen, denn je höher der Ballaststoffanteil im Essen ist, desto größer ist das Volumen einer Mahlzeit und desto schneller wird man satt. Der größte "Ballast" sitzt in den Randschichten - Gurke, Apfel & Co. sollten also möglichst mit Schale verzehrt werden. Wähle am besten Obst und Gemüse aus biologischem Anbau.

Sekundäre Pflanzenstoffe sind dafür verantwortlich, wie Früchte riechen, wie sie schmecken und welche Farbe sie haben. Sie fördern die Verdauung, senken den Blutdruck und Cholesterinspiegel, wirken entzündungshemmend und antibakteriell, stärken das Immunsystem und sollen sogar vor Krebs schützen.

Vergleich der Low Carb Ernährungsweise mit den empfohlenen Werten der DGE

Der individuelle Kohlenhydratbedarf hängt von verschiedenen Faktoren wie Geschlecht, Alter, Körperbau und Aktivität ab. Die Deutsche Gesellschaft für Ernährung (DGE) empfiehlt Männern die Aufnahme von 270 g Kohlenhydraten am Tag, Frauen 220 g. Bei vielen Menschen liegt der tatsächliche Tageswert, den sie essen, aber sehr viel höher. Oft hängt das mit einer Ernährungsweise zusammen, in der vermehrt zu schnellen High Carb Lebensmitteln wie Brot, Brötchen, Nudeln und Fertiggerichten gegriffen wird. Gemüse und vollwertige Produkte kommen zu kurz.

In einer gesunden Low Carb Ernährungsweise wird eine Kohlenhydratzufuhr von 50 - 100 g pro Tag angestrebt. Erreicht wird dieses Tagesziel vor allem dadurch, dass Lebensmittel, die stark kohlenhydrathaltig sind, nicht oder nur in geringer Menge gegessen werden.

Wenn du mit der Low Carb Ernährung beginnen möchtest, kannst du also gern erst einmal versuchen, den empfohlenen Wert der DGE zu halbieren, so sparst du schon 50 % der empfohlenen Kohlenhydratmenge ein und könntest immer noch weit über 100 g Kohlenhydrate pro Tag essen. Du wirst sehen, allein das ist schon eine Umstellung. Als nächstes Ziel kann dann eine Kohlenhydratzufuhr von 50 - 100 g pro Tag anvisiert werden.

Und was ist mit Kalorien zählen?

Es ist in jedem Fall hilfreich, sich einen Überblick über die eigene Kalorienzufuhr zu verschaffen. Denn wer abnehmen möchte, sollte mehr Energie verbrauchen, als er mit der Nahrung zu sich nimmt - ein sogenanntes Kaloriendefizit. Benötigt dein Körper beispielsweise 2.000 kcal am Tag und du nimmst mit dem Essen nur 1.500 kcal zu dir, dann hast du ein Defizit von 500 kcal. Wenn der Körper zu wenig Energie mit der Nahrung zugeführt bekommt, muss er an die eigenen Reserven gehen. Zum Abnehmen ist eine Reduzierung von 300 - 500 Kalorien pro Tag in den meisten Fällen eine gute Orientierung.

Kalorien zählen bedeutet automatisch auch, dass man sich mehr mit seiner Ernährung auseinandersetzt. Hilfreich dabei ist ein Programm, wo die Werte deiner Mahlzeiten automatisch ausgerechnet werden. Nutze dazu gern unseren Low Carb Meal Planner. Mehr Infos dazu:

lowcarbrezepte.org/mealplanner

Motivation und zielgerichtetes Verhalten

Herzlichen Glückwunsch, wir freuen uns, dass du dich dazu entschlossen hast, dich gesünder zu ernähren, mehr Wohlbefinden zu erlangen und deine Ziele zu erreichen. Du bist motiviert und voller Tatendrang. Das ist die beste Voraussetzung, etwas zu verändern. Jede Veränderung braucht etwas Zeit, persönliche Motivation und eine neue Gewohnheit, um erfolgreich durchgeführt zu werden.

Nutze deine Entschlossenheit und formuliere jetzt dein Ziel für dich, das du mit Low Carb erreichen möchtest.

Beispiel für eine genaue Zielformulierung: Ich wiege "X" Kilogramm am 31.12.20XY oder früher und fühle mich fantastisch. Ich bin gesund, fit und voller Power. Ich halte mein Gewicht konstant bei "X" Kilogramm.

Achte auf das, was du denkst

Das, was du denkst, hat einen sehr großen Einfluss darauf, ob dir etwas gelingt oder nicht. Wenn du glaubst, dass du Probleme beim Abnehmen hast, dann wird diese Denkweise verhindern, dass du Gewicht verlierst. Löse dich von Gedanken, die dich ausbremen und glaube an dich selbst.

Wie dir eine Visionstafel helfen kann, dein Ziel zu verwirklichen

Mit einer Visionstafel kannst du ganz einfach deine persönlichen Ziele und Wünsche darstellen, sie visualisieren und manifestieren. Am besten erstellst du dir eine Visionstafel in Form einer Collage aus Fotos und Bildern, die dein Ziel so genau wie möglich beschreiben.

Viele Menschen, die erfolgreich abgenommen haben, berichten, dass ein Bild mit einem schlanken Körper immer dann am besten funktioniert hat, wenn der eigene Kopf dazu mit aufgeklebt wurde. Bei deinem Abnehmziel solltest du also immer auch deinen Kopf mit abbilden. Sieh dir deine Visionstafel regelmäßig an - am besten jeden Tag, hänge sie zum Beispiel gut sichtbar in dein Schlafzimmer und nimm dir morgens oder abends Zeit dafür.

Beim Betrachten deiner Visionstafel werden positive Gefühle in dir ausgelöst und du fühlst dich mit deinen Zielen verbunden. Die Visionstafel wirkt tief in deinem Unterbewusstsein. Deine Aufmerksamkeit wird auf deine Wünsche gelenkt. Das hilft deinem Unterbewusstsein, Prioritäten zu setzen. Das klingt für einige vielleicht etwas "schräg", aber probiere es aus, es funktioniert und hilft, die Motivation aufrechtzuerhalten.

Setze dir kleine Zwischenziele für mehr Erfolg

In kleinen Etappen ist ein großes Ziel leichter zu erreichen. Es nimmt dir den Druck und auch die Angst. Nimm dein Ziel und teile es in kleine Zwischenziele, setze dir auch hier ein festes Datum.

Hier findest du ein Beispiel, wie du beim Planen vorgehen kannst, um 10 Kilogramm Gewicht in 5 Monaten realistisch abzunehmen. Du kannst diese Zahlen natürlich individuell an dein Ziel anpassen. Belohne dich selbst beim Erreichen deiner Zwischenziele. Das kann ein neues Kleidungsstück sein, ein Ausflug oder was auch immer dich anspornt. Notiere deine Erfolge, das gibt dir mehr Selbstvertrauen und Motivation.

Es kann auch mal vorkommen, dass du in einer Woche nicht ganz dein Ziel erreichst, dafür in einer der darauffolgenden Wochen mehr Erfolg hast. Das ist in Ordnung. Sei dir bewusst, dass dein Weg zum Ziel nicht schnurgerade verlaufen wird. Es wird immer Zeiten geben, wo es weniger gut läuft und ebenso Zeiten, wo dir alles fantastisch gut gelingt. Behalte stets dein großes Ziel im Blick.

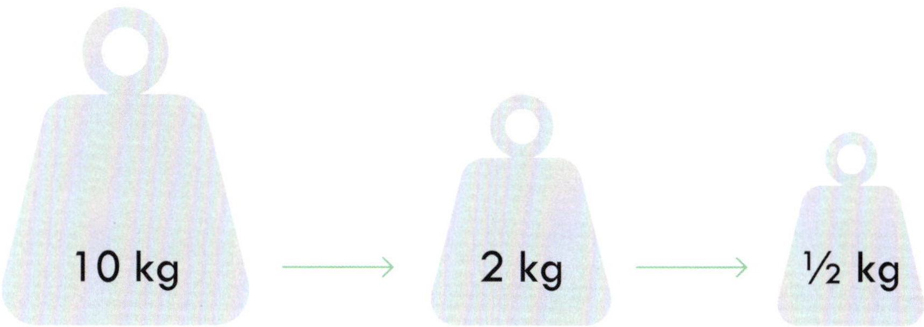

ZIEL – Dein Großes Abnehmziel

MONAT – Dein Ziel pro Monat

WOCHE – Dein Ziel pro Woche

12 TIPPS, WIE DU DEIN ZIEL AM BESTEN ERREICHEN KANNST

1. Schreibe dein Ziel auf! Formuliere es so genau wie möglich.
2. Bleibe dabei realistisch. Zum Beispiel sind Abnehmvorhaben mit 5 Kilogramm pro Woche in den meisten Fällen unrealistisch, dagegen sind 0,5 - 1 Kilogramm realistisch.
3. Formuliere dein Ziel so, als ob du es schon erreicht hast.
4. Visualisiere, also sehe dich so vor deinem geistigen Auge, wie du aussiehst, wenn du dein Ziel erreicht hast.
5. Fertige dir dazu eine Visionstafel zur Zielvisualisierung an.
6. Setze dir einen Termin mit genauem Datum, wann du dein Ziel erreicht haben möchtest.
7. Mache dir einen Plan, was du benötigst, um dein Ziel zu erreichen. Deinen Ernährungsplan hältst du bereits in deinen Händen. Plane jetzt beispielsweise mehr Bewegung in deinen Alltag ein.
8. Mache dir jeden Tag dein Ziel bewusst. Am besten einmal direkt nach dem Aufstehen und 5 Minuten vor dem zu Bett gehen.
9. Richte deine Tagesaktivitäten an deinem Ziel aus.
10. Notiere deine Erfolge, damit du mehr Selbstvertrauen bekommst.
11. Sei dankbar für das, was du schon erreicht hast. Du bist ein toller Mensch.
12. Suche dir Wegbegleiter und Gleichgesinnte.

Warum Schlaf wichtig beim Abnehmen ist

Ruhephasen sind sehr wichtig für uns und unseren Körper. Unser Körper regeneriert, während wir schlafen, es laufen Wundheilungsprozesse ab, das Immunsystem wird stabilisiert, Nervenzellen werden verknüpft und vieles mehr.

Bei zu wenig Schlaf kann der Körper seine nächtlichen Aufgaben nicht vollständig ausführen und beenden. Infolgedessen fühlst du dich nach dem Aufstehen antriebslos und hast tagsüber weniger Lust, dich zu bewegen. Ebenso kann dein Hormonhaushalt durch Schlafmangel gestört werden, so dass es dazu kommen kann, dass du ein verstärktes Hungergefühl verspürst und dein Stoffwechsel nicht mehr richtig funktioniert. Störungen des Kohlenhydrat-, Fett- und Proteinstoffwechsels können verhindern, dass du erfolgreich dein Abnehmziel erreichst. Deshalb ist es wichtig, ausreichend zu schlafen.

Jeder hat sein eigenes Schlafbedürfnis. Finde für dich deine optimale Anzahl an Stunden, die dein Körper braucht. Empfehlenswert sind mindestens 6 bis maximal 9 Stunden Schlaf pro Nacht für einen Erwachsenen.

Bewege dich im Alltag

Die meisten Menschen bewegen sich einfach zu wenig und essen zu viel. Während der beruflichen Tätigkeit verbringen viele ihre Zeit fast ausschließlich im Sitzen oder Stehen und kommen nur auf wenige Schritte am Tag. Deshalb: Bewege dich mehr - nutze die Gelegenheiten, die jeden Tag auf dich warten. Laufe oder nimm das Fahrrad anstatt mit dem Auto oder Bus zu fahren. Steige Treppen und verzichte auf den Fahrstuhl, nutze Pausen für kleine Spaziergänge und suche dir eine sportliche Aktivität, die dir Spaß macht. Du musst kein Marathonläufer werden, aber eine Runde joggen, inlinern, mit dem Rad fahren oder auch schwimmen, sorgt dafür, dass du fit bleibst, deinen Stoffwechsel ankurbelst und dich wohler fühlst - Also integriere wöchentlich mehrere Bewegungseinheiten.

Suche dir Gleichgesinnte

Die Menschen um dich herum beeinflussen dich, ob du es willst oder nicht. Schau dir einmal die Personen an, mit denen du am meisten Zeit verbringst. Du wirst feststellen, dass sie dir ähnlich sind, nicht komplett, aber in einigen Punkten gibt es mit Sicherheit Gemeinsamkeiten. Wir imitieren das Verhalten unserer Mitmenschen unbewusst, um dazuzugehören. Diesen Effekt kannst du zu deinem Vorteil nutzen. Suche dir gleichgesinnte Menschen, die sich zum Beispiel auch gesund ernähren und damit bereits erfolgreich ihr Wunschgewicht erreicht haben oder noch erreichen wollen. Es wird so viel leichter für dich sein, dich mit Gleichgesinnten über Erfahrungen und das Essen auszutauschen.

Hinweis zu den Nährwertangaben in den Rezepten

In den Rezepten findest du die Nährwertangaben für Kalorien, Eiweiße, Kohlenhydrate und Fette. Alle Nährwertangaben beziehen sich immer auf eine Portion des Gerichtes. Bei Riegeln, Brot, Kuchen & Co. beziehen sich die Angaben auf ein Stück.

Die Nährwertangaben in Lebensmitteln sind nur als Richtwerte anzusehen, da sie je nach Jahreszeit und Anbaugebiet natürlichen Schwankungen unterliegen.

FRÜHSTÜCK

Kurkuma-Ingwer-Shot

MIT ANANAS

ZEIT	PORTIONEN	KALORIEN	EIWEISS	KOHLENHYDRATE	FETT
5 min	3	44 kcal	1 g	8 g	1 g

- ½ TL Kurkuma
- ½ TL Ingwer, frisch gerieben
- 50 g Ananas
- 50 g Banane
- 1 Zitrone
- ½ Orange

OPTIONAL

- ½ TL Papayasamen, getrocknet

Orange, Ananas und Banane schälen, in Stücke schneiden und in einen Mixer geben • Zitrone halbieren und auspressen • Ein paar getrocknete Papayasamen im Mörser zerstoßen, diese geben dem Shot eine etwas pfeffrige Note • Zitronensaft, Ingwer, Kurkuma und zerstoßene Papayasamen dazugeben und alles pürieren • Je nach gewünschter Konsistenz etwas Wasser dazugeben und nochmal durchmixen • Kurkuma-Ingwer-Shot in kleine Gläser füllen und schmecken lassen.

TIPP

Shot ist in einer kleinen verschlossenen Glasflasche etwa 2 - 3 Tage im Kühlschrank haltbar.

Beeren-Smoothie

MIT JOGHURT

ZEIT	PORTIONEN	KALORIEN	EIWEISS	KOHLENHYDRATE	FETT
5 min	1	82 kcal	3 g	14 g	1 g

70 g Beeren, frisch oder tiefgekühlt
30 g Banane
50 g Joghurt o. pflanzliche Alternative (Soja, Hafer)
2 Physalis
1 Brombeere
100 ml Wasser

Beeren in einen Mixbecher geben, dabei können gefrorene Früchte unaufgetaut weiterverarbeitet werden • Banane schälen und dazugeben • Joghurt und Wasser zu den Beeren geben und alles mit dem Stabmixer pürieren oder einen Standmixer verwenden.

Beeren-Smoothie in ein Glas füllen • Physalis und Brombeere auf einen Holzspieß stecken und damit den Smoothie dekorieren.

Grüner Smoothie

MIT SPINAT UND GURKE

ZEIT	PORTIONEN	KALORIEN	EIWEISS	KOHLENHYDRATE	FETT
5 min	1	91 kcal	2 g	19 g	0 g

100 g Gurke
50 g Apfel
50 g Banane
20 g Spinat
100 ml Wasser

Spinatblätter waschen, lange Stielenden entfernen • Apfel vierteln, entkernen und in Stücke schneiden • Banane schälen und in Stücke schneiden • Gurke waschen und in Stücke schneiden.

Die vorbereiteten Zutaten und das Wasser in einen Mixbecher geben und mit dem Stabmixer pürieren, alternativ den Standmixer verwenden • Je nach gewünschter Konsistenz bei Bedarf noch etwas Wasser hinzufügen.

Vitaler Power Smoothie

MIT INGWER UND KURKUMA

ZEIT	PORTIONEN	KALORIEN	EIWEISS	KOHLENHYDRATE	FETT
5 min	1	161 kcal	4 g	10 g	9 g

- 50 g Ananas, geschält
- 1 EL Chiasamen
- 1 EL Kokosraspeln
- 1 TL Kurkuma, gemahlen
- ½ Limette
- ½ TL Ingwer, frisch gerieben
- 50 ml Wasser
- 1 Prise Pfeffer

Ananas in Stücke schneiden • Limette schälen und eventuell Kerne entfernen • Ananas, Limette und alle weiteren Zutaten in einen Mixer geben und fein pürieren, je nach gewünschter Konsistenz noch etwas Wasser hinzufügen und noch einmal durchmixen • Den gelben Smoothie in ein Glas füllen und schmecken lassen.

TIPP

Kurkuma und Ananas fördern die Entgiftung im Körper und unterstützen das Verdauungssystem, zudem fördern sie ein gesundes Immunsystem.

Vital-Smoothie

MIT ROTE BETE

ZEIT	PORTIONEN	KALORIEN	EIWEISS	KOHLENHYDRATE	FETT
5 min	1	97 kcal	2 g	21 g	0 g

50 g rote Bete
50 g Apfel
50 g Banane
50 ml Wasser

Rote Bete am besten mit Einmalhandschuhen schälen und in kleine Stücke schneiden • Apfel vom Kerngehäuse befreien und in Stücke schneiden • Banane schälen und in Stücke schneiden.

Alle Zutaten in einen Mixer geben und fein pürieren, je nach gewünschter Konsistenz noch etwas Wasser hinzufügen und noch einmal durchmixen • Smoothie in ein Glas füllen und schmecken lassen.

Power-Frucht-Shake

MIT PAPAYA

ZEIT	PORTIONEN	KALORIEN	EIWEISS	KOHLENHYDRATE	FETT
5 min	1	199 kcal	9 g	27 g	5 g

- 50 g Papaya
- 30 g Banane
- 2 Physalis
- 2 EL Haferflocken
- 200 ml Milch o. pflanzliche Alternative (Soja, Hafer)

Papaya und Banane schälen, in Stücke schneiden und mit Physalis zusammen in einen Mixer geben • Haferflocken und Milch dazugeben und alles fein pürieren • Shake in ein Glas füllen und schmecken lassen.

Beeren Smoothie

MIT KOKOSMILCH

ZEIT	PORTIONEN	KALORIEN	EIWEISS	KOHLENHYDRATE	FETT
5 min	1	410 kcal	6 g	12 g	36 g

60 g Beeren, frisch oder tiefgekühlt
150 ml Kokosmilch
100 ml Milch o. pflanzliche Alternative (Soja, Hafer)
1 TL Kokosraspeln

Die Beeren mit der Kokosmilch und der Milch in einen Mixbecher geben und mit dem Stabmixer fein pürieren, alternativ einen Standmixer verwenden • Die Beeren können unaufgetaut verarbeitet werden • Beeren-Kokos-Smoothie in ein Glas gießen und mit Kokosraspeln dekorieren.

Granola

MIT MANDELN UND KOKOS

ZEIT	PORTIONEN	KALORIEN	EIWEISS	KOHLENHYDRATE	FETT
25 min	4	405 kcal	11 g	14 g	33 g

60 g Mandeln
50 g Haferflocken
40 g Cashewkerne
30 g Mandelblättchen
1 EL Pistazien
1 EL Kürbiskerne
1 EL Honig
50 ml Kokosöl
1 Prise Meersalz
1 Prise Zimt

Mandeln, Cashewkerne und Pistazien grob hacken • Kokosöl erwärmen, so dass es flüssig wird • Alle Zutaten in eine große Schüssel geben und gut durchmischen.

Die Mischung auf ein mit Backpapier ausgelegtes Backblech geben und im vorgeheizten Backofen bei 160°C Ober-/Unterhitze 15 - 20 Minuten rösten • Das Blech dann herausnehmen und abkühlen lassen.

Granolamischung mit den Händen etwas auseinander brechen und in ein sauberes Glas geben • Granola ist gut verschlossen mehrere Wochen haltbar.

Super luftige Pancakes

MIT FEIGEN UND JOGHURT

ZEIT	PORTIONEN	KALORIEN	EIWEISS	KOHLENHYDRATE	FETT
15 min	3	128 kcal	8 g	15 g	4 g

- 2 Eier, Größe M
- 30 g Dinkelmehl Typ 630
- ½ TL Backpulver
- 20 ml Milch o. pflanzliche Alternative (Soja, Hafer)
- 2 Feigen
- 100 g Joghurt o. pflanzliche Alternative (Soja, Hafer)
- 2 EL Granatapfelkerne

Eier trennen, Eiweiß in einer Schüssel mit dem elektrischen Handrührgerät steif schlagen • Dinkelmehl und Backpulver in einer zweiten Schüssel mischen • Milch und Eigelbe dazugeben und verrühren • Eischnee mit einem Löffel unter den Teig heben.

Eine beschichtete Pfanne erhitzen und mit der Kelle Teigkleckse hineingeben, sobald sich der Teig vom Pfannenboden löst, wenden und die zweite Seite ausbacken • In der gleichen Weise fortfahren, bis der Teig verbraucht ist.

Feigen waschen, in Stücke schneiden und zusammen mit Joghurt jeweils auf die Teller geben • Pancakes und Granatapfelkerne dazugeben.

TIPP

Aus dem Teig lassen sich etwa 9 Pancakes herstellen.

Porridge mit Beeren

MANDELN UND WALNUSSKERNEN

ZEIT	PORTIONEN	KALORIEN	EIWEISS	KOHLENHYDRATE	FETT
10 min	2	292 kcal	10 g	28 g	15 g

80 g Haferflocken
2 EL Walnusskerne
2 EL Mandeln
2 EL Heidelbeeren
2 EL Himbeeren
2 EL Brombeeren
1 Prise Meersalz
300 ml Leitungswasser

In einem kleinen Topf das Wasser erhitzen • Haferflocken und eine Prise Salz hineingeben und die Flocken für ein paar Minuten bei kleiner Hitze erwärmen.

Porridge von der Herdplatte nehmen und weiter quellen lassen, nach Bedarf noch etwas Wasser hinzufügen, je nach gewünschter Konsistenz.

Beeren waschen • Walnusskerne und Mandeln hacken • Das warme Porridge in zwei Schüsseln füllen und Beeren und Nüsse darauf verteilen.

TIPP

Verfeinere dein Porridge mit Gewürzen wie Zimt oder Vanille.

Chia-Kokos-Creme

MIT PFIRSICH

ZEIT	PORTIONEN	KALORIEN	EIWEISS	KOHLENHYDRATE	FETT
10 min	1	391 kcal	7 g	14 g	32 g

100 ml Kokosmilch
20 g Chiasamen
100 g Pfirsich
1 EL Kokosraspeln

Kokosmilch und Chiasamen in einer Schüssel mischen und etwa 10 Minuten quellen lassen • Zwischendurch mehrmals durchrühren, damit sich keine großen Klumpen bilden • Je nach gewünschter Konsistenz kann nach der Quellzeit noch ein wenig Wasser unter die Chia-Kokos-Creme gerührt werden.

Pfirsich waschen, halbieren und den Kern entfernen • Pfirsich in Stücke schneiden, in den Mixbecher geben und mit dem Stabmixer fein pürieren.

Chia-Kokos-Creme in ein Glas füllen und darauf das Pfirsichpüree verteilen • Zuletzt die Kokosraspeln dazugeben.

TIPP

Probiere die Chia-Kokos-Creme auch mal mit Beeren, Apfel- oder Kiwimus aus.

Frühstücksbowl

MIT APFEL UND FEIGE

ZEIT	PORTIONEN	KALORIEN	EIWEISS	KOHLENHYDRATE	FETT
5 min	1	303 kcal	15 g	28 g	14 g

- 200 g Joghurt o. pflanzliche Alternative (Soja, Hafer)
- ½ Feige
- ¼ Apfel
- 1 EL Cashewkerne
- 1 EL Leinsamen, geschrotet
- 2 EL Haferflocken

Früchte waschen und abtropfen lassen • Feige in Spalten schneiden • Apfel von Kernen und Trennwänden befreien und in kleine Stücke schneiden.

Joghurt in eine Schüssel füllen • Cashewkerne grob hacken und mit Haferflocken und Leinsamen zum Joghurt geben • Apfel- und Feigenstücke dazugeben und schmecken lassen.

Pfannenmüsli

MIT BIRNE UND JOGHURT

ZEIT	PORTIONEN	KALORIEN	EIWEISS	KOHLENHYDRATE	FETT
15 min	2	350 kcal	15 g	23 g	22 g

- 1 Birne
- 400 g Joghurt o. pflanzliche Alternative (Soja, Hafer)
- 10 g Pekannusskerne
- 10 g Walnusskerne
- 10 g Mandeln
- 10 g Haselnusskerne
- 10 g Cashewkerne
- 10 g Kürbiskerne
- 10 g Mandeln, gehobelt
- 2 Feigen, getrocknet
- 10 g Cranberries, getrocknet

Birne halbieren und in der heißen Pfanne grillen, bis Röststreifen erkennbar sind, alternativ in der Bratpfanne braten, bis die Schnittfläche goldbraun ist.

Nüsse und Kerne auf ein Brett geben und mit einem großen Messer grob hacken • Nuss-Kern-Mischung in eine heiße Pfanne geben und unter Rühren ein paar Minuten anrösten, dann herausnehmen und etwas abkühlen lassen.

Getrocknete Feigen in Stücke schneiden • Joghurt in Schalen füllen und jeweils eine Birnenhälfte und etwas von dem warmen Pfannenmüsli, den Cranberries und Feigenstücken dazugeben.

Mandel-Schoko-Traum

MIT BEEREN UND CHIASAMEN

ZEIT	PORTIONEN	KALORIEN	EIWEISS	KOHLENHYDRATE	FETT
15 min	1	432 kcal	14 g	30 g	17 g

- 20 g Haferflocken
- 1 EL Chiasamen
- 1 TL Ahornsirup
- 1 EL Mandelmus
- 60 ml Milch o. pflanzliche Alternative (Soja, Hafer)
- 65 g Joghurt o. pflanzliche Alternative (Soja, Hafer)
- 40 g Beeren, frisch oder tiefgekühlt
- 20 g Schoko Drops mit Xylit

Haferflocken, Chiasamen, Ahornsirup, Mandelmus und Milch verrühren und 5 Minuten quellen lassen • Beeren in einen Mixbecher geben und pürieren, gefrorene Beeren können unaufgetaut verarbeitet werden.

Schoko Drops in eine Schüssel geben und über einem heißen Wasserbad schmelzen • Die Haferflocken-Mischung in ein Glas füllen und darauf den Joghurt geben • Das Beerenpüree darauf anrichten und zuletzt die geschmolzene Schokolade darauf verteilen • Etwa 5 Minuten warten, bis die Schokolade fest geworden ist.

Schoko-Porridge

MIT GRANATAPFEL

ZEIT	PORTIONEN	KALORIEN	EIWEISS	KOHLENHYDRATE	FETT
10 min	1	374 kcal	17 g	30 g	15 g

- 50 g Dinkelkleie
- 10 g Haferflocken
- 40 g Banane
- 20 g Heidelbeeren
- 1 TL rohes Kakaopulver
- 1 EL Granatapfelkerne
- 1 EL Cashewkerne
- 1 TL Hanfsamen
- 250 ml Wasser

Wasser in einem kleinen Topf zum Kochen bringen, dann Dinkelkleie und Haferflocken einrühren • Hitze reduzieren und den Brei ein paar Minuten köcheln lassen, bis die gewünschte Konsistenz erreicht ist, zwischendurch mehrmals durchrühren • Kakao einrühren.

Heidelbeeren waschen, große Beeren halbieren • Cashewkerne grob hacken • Banane schälen und in Scheiben schneiden • Schoko-Porridge in eine Schale füllen und als Topping Banane, Heidelbeeren, Granatapfelkerne, Hanfsamen und Cashewkerne dazugeben.

Pfannen-Porridge

MIT NÜSSEN UND BEEREN

ZEIT	PORTIONEN	KALORIEN	EIWEISS	KOHLENHYDRATE	FETT
10 min	1	439 kcal	18 g	33 g	24 g

- 40 g Haferflocken
- 1 EL Chiasamen
- 200 ml Milch o. pflanzliche Alternative (Soja, Hafer)
- 250 ml Wasser
- 1 EL Pekanusskerne
- 1 EL Mandeln
- 40 g Himbeeren

Himbeeren waschen und gut abtropfen lassen • Nüsse grob hacken • Eine beschichtete Pfanne erhitzen und darin die Haferflocken ohne Fett etwa 2 Minuten anrösten • Zwischendurch mehrmals durchrühren, so dass die Flocken nicht anbrennen.

Wasser und Milch dazugeben und aufkochen lassen • Dann die Hitze reduzieren und Chiasamen hinzufügen • Porridge unter häufigem Rühren 5 Minuten köcheln lassen, dann in ein Schälchen füllen • Himbeeren und Nüsse dazugeben und warm schmecken lassen.

TIPP

Wer möchte, fügt noch Leinöl als Topping hinzu.

Labneh mit Granola

UND BEEREN

ZEIT	PORTIONEN	KALORIEN	EIWEISS	KOHLENHYDRATE	FETT
5 min	1	366 kcal	13 g	14 g	27 g

- 200 g Joghurt o. pflanzliche Alternative (Soja, Hafer)
- 30 g Heidelbeeren
- 30 g Brombeeren
- 1 EL Leinöl
- 30 g Granola (s. S. 36)
- etwas Zitrone, frisch gepresst
- Meersalz

Joghurt mit einer Prise Salz verrühren • Eine Schüssel bereit stellen und darauf ein großes Sieb legen • Das Sieb mit einem Mulltuch oder Geschirrtuch auslegen und den Joghurt hineingeben • Die Enden des Tuches in die Schüssel stecken, damit sich die austretende Flüssigkeit nicht neben der Schüssel sammelt • Das Ganze mindestens 24 Stunden im Kühlschrank abtropfen lassen, je länger der Joghurt entwässert, desto fester wird die Konsistenz.

Am nächsten Tag den abgetropften Joghurt in ein Schälchen geben und mit Zitronensaft und Leinöl cremig rühren • Das Ganze ähnelt nun einem sehr cremigen Frischkäse und nennt sich Labneh • Beeren waschen und abtropfen lassen • Labneh in ein Schälchen geben • Beeren und Granola darauf anrichten und schmecken lassen.

TIPP

Die Dauer des Abtropfvorgangs und der Fettgehalt des Joghurts spielen eine entscheidende Rolle bei der Konsistenz und dem Geschmack des Labnehs.

Gemüsewaffeln

MIT ZUCCHINI ODER MÖHRE

ZEIT	PORTIONEN	KALORIEN	EIWEISS	KOHLENHYDRATE	FETT
15 min	2	286 kcal	13 g	31 g	11 g

ZUCCHINIWAFFEL

100 g Zucchini
1 Ei, Größe M
40 g Dinkelvollkornmehl
1 EL Joghurt o. pflanzliche Alternative (Soja, Hafer)
1 TL Olivenöl für das Waffeleisen
Meersalz

MÖHRENWAFFEL

100 g Möhre
1 Ei, Größe M
40 g Dinkelvollkornmehl
1 EL Joghurt o. pflanzliche Alternative (Soja, Hafer)
1 EL Olivenöl für das Waffeleisen
Meersalz

Zucchini waschen, abtrocknen und mit der Reibe klein reiben • In einer Schüssel Zucchiniraspeln mit Ei, Mehl und etwas Salz mischen.

Möhre schälen und mit der Reibe klein reiben • In einer zweiten Schüssel Möhrenraspeln mit Ei, Mehl und etwas Salz mischen.

Waffeleisen anheizen und alle Seiten mit Olivenöl bepinseln • Zucchiniteig auf die eine Seite in das Waffeleisen geben • Möhrenteig auf die andere Seite in das Waffeleisen geben • Waffeln backen, bis sie leicht braun sind, dann herausnehmen und warm mit Joghurt zusammen servieren.

Granola

MIT MILCH UND BEEREN

ZEIT	PORTIONEN	KALORIEN	EIWEISS	KOHLENHYDRATE	FETT
15 min	1	479 kcal	16 g	23 g	33 g

- 2 EL Heidelbeeren
- 1 EL Brombeeren
- 50 g Granola (s. S. 36)
- 200 ml Milch o. pflanzliche Alternative (Soja, Hafer)

Beeren waschen und abtropfen lassen • Granola in ein Schälchen geben • Beeren dazugeben, Milch einfüllen und schmecken lassen.

TIPP

Wähle passend zur Jahreszeit frische Früchte der Saison.

Mandel-Overnight-Oats

MIT FRÜCHTEN UND ZIMT

ZEIT	PORTIONEN	KALORIEN	EIWEISS	KOHLENHYDRATE	FETT
5 min + 12 h Ziehzeit	1	477 kcal	13 g	43 g	16 g

- 40 g Haferflocken
- 1 EL Mandeln, gemahlen
- 1 EL Leinsamen, geschrotet
- 1 EL Mandeln, gehobelt
- ½ TL Zimt, gemahlen
- 125 ml Mandeldrink o. Alternative (Milch, Soja, Hafer)
- 1 Feige
- 1 EL Himbeeren
- ¼ Apfel
- Meersalz

Haferflocken, gemahlene Mandeln, Leinsamen, Zimt und eine Prise Salz in einer Schale mischen • Mandeldrink dazugeben, gut durchrühren und über Nacht im Kühlschrank quellen lassen.

Am nächsten Morgen die Mandel-Hafer-Mischung noch einmal aufrühren • Nach Belieben noch etwas Wasser unterrühren, falls die Mischung zu fest geworden ist, dann in ein Schälchen geben.

Früchte waschen • Apfel vom Kerngehäuse befreien und in kleine Stücke schneiden • Feige einschneiden • Früchte und gehobelte Mandelblättchen zu den Mandel-Overnight-Oats geben und schmecken lassen.

Quinoa Frühstück

MIT MÖHRE

ZEIT	PORTIONEN	KALORIEN	EIWEISS	KOHLENHYDRATE	FETT
15 min	1	558 kcal	10 g	41 g	38 g

25 g Quinoa
100 ml Kokosmilch
100 g Kokosjoghurt
½ Pfirsich
¼ Apfel
½ Möhre
1 EL Cashewkerne

Quinoa Körnchen in ein Sieb geben und abspülen, dann zusammen mit der Kokosmilch in einen Topf geben und etwa 8 Minuten köcheln lassen, so dass die Körnchen noch Biss haben • Kokosjoghurt in ein Schälchen geben und Quinoa unterrühren.

Möhre schälen und reiben • Apfel vierteln, entkernen und ebenfalls reiben • Pfirsich in Stücke schneiden • Cashewkerne halbieren oder grob hacken • Alles zur Quinoa-Kokos-Mischung geben.

TIPP

Verwende hier das Obst der Saison, wenn es keinen Pfirsich gibt.

Eierkuchen mit Beeren

UND JOGHURT

ZEIT	PORTIONEN	KALORIEN	EIWEISS	KOHLENHYDRATE	FETT
15 min	2	252 kcal	12 g	39 g	5 g

100 g Dinkelmehl Typ 630
1 Ei, Größe M
130 ml Milch o. pflanzliche Alternative (Soja, Hafer)
4 EL Joghurt o. pflanzliche Alternative (Soja, Hafer)
2 EL Heidelbeeren
2 EL Brombeeren
etwas Puderxucker zum Bestreuen

Beeren waschen und abtropfen lassen, große Beeren klein schneiden • Ei, Mehl und Milch mit einem Mixer zu einem glatten Teig verrühren • Eine beschichtete Pfanne erhitzen.

Die Hälfte der Teigmischung in die heiße Pfanne geben und durch Schwenken gleichmäßig verteilen • Eierkuchen bei mittlerer Hitze backen, sobald er sich vom Pfannenboden löst, wenden • In der gleichen Weise den zweiten Eierkuchen backen.

Eierkuchen mit Joghurt und Beeren belegen, zusammenklappen und nach Belieben mit etwas Puderxucker bestreuen.

TIPP

Der Eierkuchenteig klappt mit jeder beliebigen Milch gut, wähle deinen Favoriten.

Puuro - finnischer Haferbrei

MIT GRANATAPFEL UND PEKANNUSSKERNEN

ZEIT	PORTIONEN	KALORIEN	EIWEISS	KOHLENHYDRATE	FETT
10 min	1	320 kcal	11 g	38 g	14 g

- 50 g Haferkleie
- 100 ml Wasser
- 1 EL Hanfsamen, geschält
- 1 EL Pekannusskerne
- 1 Passionsfrucht
- 1 Physalis
- 2 EL Granatapfelkerne
- Meersalz

Wasser in einem kleinen Topf zum Kochen bringen, dann die Haferkleie und 1 Prise Salz einrühren • Hitze reduzieren und den Brei ein paar Minuten köcheln lassen, bis die gewünschte Konsistenz erreicht ist, zwischendurch mehrmals durchrühren • Topf von der Herdplatte nehmen und den Brei zugedeckt 2 Minuten ziehen lassen.

Brei in ein Schälchen füllen • Hanfsamen dazugeben • Passionsfrucht halbieren, mit einem Löffel die Kerne im Inneren lockern und zum Brei geben • Pekannusskerne, Physalis und Granatapfelkerne dazugeben und warm schmecken lassen.

TIPP

Das Topping kannst du nach Lust und Laune immer wieder neu kombinieren.

Kokosjoghurt mit Beeren

GRANATAPFEL UND HANFSAMEN

ZEIT	PORTIONEN	KALORIEN	EIWEISS	KOHLENHYDRATE	FETT
5 min	1	453 kcal	11 g	21 g	35 g

200 g Kokosjoghurt
2 EL Heidelbeeren
1 EL Brombeeren
4 Physalis
1 EL Granatapfelkerne
1 EL Pekannusskerne
1 EL Hanfsamen, geschält
1 EL Chiasamen

Beeren waschen und abtropfen lassen • Physalis aus der Hülle lösen und halbieren • Pekannusskerne grob hacken • Kokosjoghurt in ein Schälchen füllen und Hanf- und Chiasamen darauf verteilen • Beeren, Granatapfelkerne, Physalis und Pekannusskerne dazugeben.

VEGETARSICH

Vital-Booster-Salat

MIT RADICCHIO UND GRAPEFRUIT

ZEIT	PORTIONEN	KALORIEN	EIWEISS	KOHLENHYDRATE	FETT
10 min	1	217 kcal	4 g	11 g	17 g

70 g Zucchini
30 g Radicchio
30 g rote Bete
¼ Grapefruit
1 EL Pekannusskerne
1 EL Olivenöl
2 Stängel Petersilie
Meersalz
Pfeffer

Zucchini waschen, trocknen und mit einem Spiralschneider Zucchini Nudeln herstellen • Radicchio in dünne Streifen schneiden • Grapefruit vierteln, die Schale entfernen und in kleine Stücke schneiden.

Pekannusskerne grob hacken • Petersilie waschen, trocken schütteln und hacken • Rote Bete am besten mit Einmalhandschuhen schälen und in sehr dünne Scheiben schneiden.

Die vorbereiteten Salatzutaten mit 1 EL Olivenöl und etwas Salz und Pfeffer in eine Schüssel geben und durchmischen • Salat in einer Schale oder auf einem Teller anrichten.

Linsensalat

MIT GERÖSTETEM BLUMENKOHL

ZEIT	PORTIONEN	KALORIEN	EIWEISS	KOHLENHYDRATE	FETT
30 min	2	383 kcal	18 g	32 g	18 g

½ Blumenkohl
80 g braune Linsen
1 Möhre
½ Zwiebel
1 Champignon
½ Frühlingszwiebel
4 Walnusskerne
200 ml Gemüse Fond (s. S. 268)
2 EL Olivenöl
2 EL Balsamico, Aceto Balsamico
2 Stängel Koriander
2 Stängel Petersilie
½ TL Kräuter de Provence
½ TL Oregano, gerebelt
Meersalz

Linsen waschen, dann in ausreichend Salzwasser aufkochen und bei geringer Hitze 20 - 25 Minuten köcheln lassen, so dass sie noch Biss haben.

Blumenkohlröschen vom Stiel schneiden, waschen und gut abtropfen lassen • In der Pfanne 1 EL Olivenöl erhitzen und die Blumenkohlröschen scharf anbraten • Blumenkohl in eine ofenfeste Form legen und für 15 - 20 Minuten im vorgeheizten Backofen bei 180°C Umluft backen.

Zwiebel schälen und fein würfeln • Möhre schälen und in kleine Würfel schneiden • Champignon putzen und klein würfeln • 1 EL Olivenöl in die leere Pfanne geben, erhitzen und Zwiebel, Möhre und Champignon anbraten • Mit Balsamico ablöschen und nach und nach den Fond dazugeben • Getrocknete Kräuter dazugeben und mit etwas Salz würzen • Linsen dazugeben und alles bei mittlerer Hitze 10 Minuten köcheln lassen.

Frühlingszwiebel putzen und in dünne Ringe schneiden • Walnusskerne grob hacken • Koriander und Petersilie waschen, trocken schütteln und die Blätter abzupfen • Petersilie hacken • Linsensalat auf eine große Platte geben und die Blumenkohlröschen dazugeben • Frühlingszwiebel, Walnusskerne, Petersilie und Koriander dazugeben.

Tomatensalat

MIT BURRATA UND NAAN BROT

ZEIT	PORTIONEN	KALORIEN	EIWEISS	KOHLENHYDRATE	FETT
10 min	1	635 kcal	24 g	39 g	40 g

2 Fleischtomaten
1 Schalotte
1 Knoblauchzehe
2 EL Olivenöl
½ TL Oregano, gerebelt
½ TL Kräuter de Provence
1 Burrata
1 EL Pinienkerne
1 EL Rucola Keimlinge
2 Stängel Basilikum
Meersalz
Pfeffer
+
1 Naan Brot (s. S. 230)

Tomaten waschen und in kleine Stücke schneiden • Pinienkerne in einer heißen Pfanne ohne Fett anrösten, dann herausnehmen und beiseite stellen.

Schalotte schälen und in Ringe schneiden • Knoblauch schälen und fein hacken • Basilikum waschen, trocken schütteln, die Blätter abzupfen und hacken.

Tomaten, Schalotte, Knoblauch, Basilikum sowie 2 EL Olivenöl in eine Salatschüssel geben • Oregano, Kräuter de Provence, etwas Salz und Pfeffer dazugeben und durchmischen.

Tomatensalat auf einen Teller geben • Pinienkerne und Burrata dazugeben und Rucola Keimlinge darüber streuen • Tomatensalat mit Naan Brot servieren.

Asia-Salat

MIT ERDNUSSDRESSING

ZEIT	PORTIONEN	KALORIEN	EIWEISS	KOHLENHYDRATE	FETT
30 min	2	373 kcal	15 g	20 g	24 g

SALAT

1 Möhre
1 kleiner Pak Choi
40 g Kaiserschoten
1 Kräuterseitling
1 große Schalotte
1 Frühlingszwiebel
1 Knoblauchzehe
30 g Paprika, rot
30 g Paprika, gelb
30 g Rettich
1 Limette
50 g Konjaknudeln
½ TL grüne Curry-Paste
2 EL Erdnüsse
2 EL Sesam
2 EL Soja Sauce
1 EL Teriyaki Sauce
1 EL Sesamöl
1 TL Honig

DRESSING

2 EL Erdnussmus
1 TL Soja Sauce
1 TL Reisessig
1 TL Honig
Meersalz

Möhre schälen und in sehr dünne Stifte schneiden • Pak Choi von welken Blättern befreien, den Stielansatz abschneiden und die Blätter einzeln waschen • Kaiserschoten waschen • Schalotte schälen und achteln • Kräuterseitling putzen und in dünne Scheiben schneiden.

Paprika in sehr dünne Streifen schneiden • Rettich schälen und in feine Streifen hobeln oder schneiden • Knoblauch schälen und in feine Scheiben schneiden • Frühlingszwiebel putzen und in feine Ringe schneiden.

Nudeln nach Packungsanleitung zubereiten • Ein Dressing aus Erdnussmus, Soja Sauce, Reisessig, Honig, etwas Salz und 40 ml Wasser anrühren, in eine Schüssel füllen und beiseite stellen.

Sesamöl in einer großen Pfanne erhitzen • Curry, Schalotte und Knoblauch anbraten • Möhre, Pak Choi, Kräuterseitling, Kaiserschoten, Frühlingszwiebel, Paprika und Rettich dazugeben und alles 1 - 2 Minuten braten, mit Salz würzen.

Soja Sauce, Teriyaki Sauce, Honig und 100 ml Wasser mischen und zum Gemüse geben • Alles einmal aufkochen lassen • Nudeln dazugeben, alles gut durchrühren und in zwei Schalen füllen • Erdnüsse und Sesam dazugeben und zusammen mit dem Erdnuss-Dressing servieren.

Salatbowl

MIT SPROSSEN UND AVOCADO

ZEIT	PORTIONEN	KALORIEN	EIWEISS	KOHLENHYDRATE	FETT
40 min	2	372 kcal	6 g	30 g	23 g

- 40 g Salatblätter gemischt (z. B. Lollo Biondo, Rucola, Baby Spinat, Mangold)
- 15 g Rote Rettichsprossen
- 1 Tomate
- ¼ Avocado
- 30 g Paprika, rot
- 30 g schwarzer Reis
- 1 Stängel Basilikum
- ½ Limette, frisch gepresst
- 1 EL Olivenöl
- Meersalz
- Pfeffer

Schwarzen Reis waschen, dann in einen Topf mit ausreichend Wasser und etwas Salz geben • Reis aufkochen und etwa 40 Minuten leicht köcheln lassen, bis er gar ist, dann abgießen und im Sieb abtropfen lassen.

Währenddessen Salatblätter und Gemüse waschen und abtropfen lassen • Lange Stiele bei den Salatblättern entfernen, dann die Blätter klein zupfen • Sprossen in ein Sieb geben, waschen und gut abtropfen lassen.

Paprika von Kernen und Trennwänden befreien und in Streifen schneiden • Tomate in Stücke schneiden • Avocado aus der Schale lösen und in Stücke schneiden • Etwas frisch gepressten Limettensaft über die Avocadostücke träufeln, damit sie sich nicht braun verfärben.

Salatblätter, Basilikum, Sprossen, Tomate, Avocado und Paprika zusammen mit dem schwarzen Reis in einer Schüssel anrichten • Alles mit Salz und Pfeffer würzen und mit Olivenöl und etwas Limettensaft beträufeln.

TIPP

Schwarzer Reis gilt als der gesündeste Reis von allen. Er wird ungeschält in seiner natürlichen Form verwendet und weißt einen hohen Anteil an Eiweißen, Spurenelementen und Antioxidantien auf.

Bohnensalat

MIT OFENTOMATEN

ZEIT	PORTIONEN	KALORIEN	EIWEISS	KOHLENHYDRATE	FETT
40 min	2	435 kcal	13 g	23 g	28 g

300 g Cherrytomaten
240 g weiße Bohnen, aus der Dose
2 Schalotten
1 Knoblauchzehe
1 Zitrone
2 EL Pinienkerne
5 EL Olivenöl
1 TL Rotweinessig
1 TL Kapern
1 Stängel Thymian
1 Stängel Rosmarin
1 Stängel Dill
30 g Rucola
1 EL Parmesan, gerieben
Meersalz
Pfeffer

Tomaten waschen, halbieren und in eine Schüssel geben • Schalotten schälen und vierteln • Knoblauch schälen und in feine Scheiben schneiden, beides zu den Tomaten geben • Thymianblättchen vom Stiel zupfen • Rosmarinnadeln vom Stiel zupfen und fein hacken.

Thymian und Rosmarin zusammen mit Meersalz, Pfeffer, Kapern, 1 EL Olivenöl und Rotweinessig zu den Tomaten geben und gut durchrühren • Schalotten dazugeben • Alles in eine ofenfeste Form geben und im vorgeheizten Backofen bei 180°C Umluft etwa 10 - 15 Minuten backen.

In der Zwischenzeit in einer Pfanne ohne Fett die Pinienkerne anrösten • Rucola waschen und trocken tupfen • Für das Pesto Rucola, 1 EL Pinienkerne und 4 EL Olivenöl in einen Mixbecher geben und mit dem Stabmixer pürieren • Pesto mit Salz und Pfeffer würzen • Parmesan dazugeben und noch einmal kurz durchmixen.

Bohnen waschen und in einem Sieb abtropfen lassen • Bohnen zur Tomatenmischung in die Ofenform geben, durchrühren und das Ganze für weitere 5 - 10 Minuten backen.

Zitrone heiß waschen und abtrocknen, dann mit der Reibe die Schale abreiben • Dill klein zupfen • Bohnensalat in Schüsseln füllen und mit Zitronenabrieb, etwas Dill, den restlichen Pinienkernen und etwas Pesto garnieren.

Vital-Salat

MIT PFIRSICH UND AVOCADO

ZEIT	PORTIONEN	KALORIEN	EIWEISS	KOHLENHYDRATE	FETT
10 min	1	400 kcal	10 g	12 g	34 g

½ Pfirsich
40 g Gurke
40 g Salatblätter gemischt (z. B. Rucola, Babyspinat, Romanasalat, Mangold, Lollo Rosso)
2 Radieschen
¼ Avocado
25 g Mozzarella
1 EL Cashewkerne
2 Stängel Minze
2 Stängel Koriander
1 EL Olivenöl
Meersalz
Pfeffer

Pfirsich, Gemüse, Salatblätter und Kräuter waschen und abtropfen lassen • Salatblätter klein zupfen oder klein schneiden • Gurke in Scheiben schneiden • Radieschen putzen und in Scheiben schneiden.

Pfirsich in Spalten schneiden • Avocado aus der Schale lösen und in Stücke schneiden • Cashewkerne hacken • Mozzarella mit den Fingern klein zupfen • Minz- und Korianderblättchen vom Stiel zupfen.

Die vorbereiteten Zutaten mit etwas Salz und Pfeffer in eine Salatschüssel geben und durchmischen • Salat auf einem Teller anrichten und mit Olivenöl beträufeln.

Spitzkohl

MIT KICHERERBSEN UND SÜSSKARTOFFEL

ZEIT	PORTIONEN	KALORIEN	EIWEISS	KOHLENHYDRATE	FETT
25 min	2	375 kcal	15 g	34 g	17 g

½ Spitzkohl
½ Süßkartoffel
240 g Kichererbsen, aus der Dose
½ rote Zwiebel
4 EL Joghurt o. pflanzliche Alternative (Soja, Hafer)
½ Limette, frisch gepresst
2 EL Olivenöl
½ TL Paprika Pulver, edelsüß
½ TL Brathähnchen Gewürzmischung
½ TL Harissa Paste
4 Stängel Koriander
2 Stängel Dill
Meersalz
Pfeffer

Süßkartoffel schälen und längs in Scheiben schneiden • Süßkartoffelscheiben auf ein mit Backpapier ausgelegtes Backblech legen und mit Olivenöl bestreichen • Süßkartoffelscheiben im vorgeheizten Backofen bei 180°C Umluft etwa 20 Minuten backen.

Spitzkohl von den äußeren, welken Blättern befreien und in feine Streifen schneiden • Zwiebel schälen und fein würfeln • Kichererbsen in ein Sieb geben und unter fließendem Wasser abspülen, dann abtropfen lassen • Kräuter waschen, trocken schütteln und die Blätter abzupfen.

In einer Pfanne 1 EL Olivenöl erhitzen und Zwiebel anschwitzen • Kichererbsen, Paprika Pulver und Brathähnchen Gewürzmischung dazugeben und alles bei mittlerer Hitze etwa 5 Minuten braten • In eine Schale füllen und abdecken, damit es warm bleibt.

Spitzkohl in die heiße Pfanne geben mit Salz und Pfeffer würzen und etwa 5 Minuten braten, zwischendurch mehrmals durchrühren • Aus Joghurt, Harissa und etwas frisch gepresstem Limettensaft ein Dressing anrühren • Süßkartoffelscheiben auf die Teller legen • Spitzkohl, gebratene Kichererbsen, Dressing und Kräuter dazugeben und servieren.

Salat To Go

MIT QUINOA UND DRESSING

ZEIT	PORTIONEN	KALORIEN	EIWEISS	KOHLENHYDRATE	FETT
15 min	1	566 kcal	14 g	34 g	39 g

SALAT

30 g Quinoa
20 g Spinat
20 g Kopfsalat
30 g Paprika, gelb
30 g Paprika, orange
30 g Paprika, rot
30 g Gurke
40 g Avocado
1 kleine Tomate
1 Physalis
40 g Mozzarella
2 Stängel Basilikum

DRESSING

2 EL Olivenöl
1 TL Balsamico, Aceto Balsamico
1 TL Ahornsirup
½ Limette, frisch gepresst
Meersalz
Pfeffer

Quinoa Körnchen in ein Sieb geben und abspülen, dann in einen Topf geben und mit Wasser bedeckt etwa 8 Minuten köcheln lassen, so dass die Körnchen noch Biss haben • Das restliche Wasser abgießen und die Körnchen im Topf ausdampfen lassen, mit Salz und Pfeffer würzen.

Spinat- und Salatblätter waschen, abtropfen lassen und klein schneiden • Paprika von Kernen und Trennwänden befreien und in kleine Stücke schneiden • Tomate und Gurke klein schneiden • Avocado aus der Schale lösen und in Scheiben schneiden • Avocadoscheiben mit Limettensaft beträufeln.

Quinoa zuerst in das Glas füllen • Darauf Salat, Spinat, Paprikastücke, Tomate und Gurke schichten • Mozzarella Mini Kugeln, alternativ Mozzarella in Stücke geschnitten, Avocado und Basilikumblätter dazugeben • Physalis und Mozzarella auf einen Spieß stecken und damit den Salat abschließen.

Aus Olivenöl, Balsamico, Ahornsirup, etwas frisch gepresstem Limettensaft, Salz und Pfeffer ein Dressing anrühren und kurz vor dem Verzehr über den Salat geben.

Bunte Gemüsebowl

MIT TOFU UND SRIRACHA DRESSING

ZEIT	PORTIONEN	KALORIEN	EIWEISS	KOHLENHYDRATE	FETT
35 min	1	645 kcal	27 g	46 g	36 g

1 Möhre
30 g Quinoa
30 g rote Bete
30 g Gurke
20 g Rotkohl
20 g Feldsalat
¼ Frühlingszwiebel
1 EL Rucola Keimlinge

TOFU

100 g Räuchertofu
1 Knoblauchzehe
5 g Ingwer, frisch gerieben
2 EL Teriyaki Sauce
2 EL Reisessig
1 TL Ahornsirup
1 EL Sesamöl
2 TL Soja Sauce

DRESSING

2 TL Mayonnaise
1 TL Sriracha Sauce
1 TL Limettensaft, frisch gepresst
1 TL Ahornsirup
Meersalz
Pfeffer

Tofu in Würfel schneiden • Knoblauch schälen und hacken • Teriyaki Sauce, Reisessig, 1 TL Ahornsirup, Soja Sauce und Sesamöl in eine Schüssel füllen • Knoblauch und Ingwer hinzufügen und alles durchrühren • Tofu zur Marinade geben, durchmischen und für 30 Minuten im Kühlschrank ziehen lassen.

Quinoa Körnchen in ein Sieb geben und abspülen, dann in einen Topf geben und mit Wasser bedeckt etwa 8 Minuten köcheln lassen, so dass die Körnchen noch Biss haben • Das restliche Wasser abgießen und die Körnchen im Topf ausdampfen lassen, mit Salz und Pfeffer würzen.

Feldsalat waschen und abtropfen lassen • Möhre schälen und in kleine Stifte schneiden • Rotkohl in feine Streifen schneiden • Rote Bete am besten mit Einmalhandschuhen schälen und in Scheiben schneiden • Gurke in Scheiben schneiden • Frühlingszwiebel putzen und in dünne Ringe schneiden.

Für das Dressing Sriracha Sauce mit Mayonnaise, 1 TL Ahornsirup und Limettensaft verrühren • Dressing mit Salz abschmecken.

Eine Bratpfanne erhitzen und die marinierten Tofuwürfel von allen Seiten braten • Gurke, Möhre, Feldsalat, Rotkohl, rote Bete und Quinoa in einer Schüssel portionsweise anrichten • Tofu dazugeben und das Dressing über die Zutaten verteilen • Zuletzt Frühlingszwiebel und Rucola Keimlinge dazugeben.

Low Carb Burritos

MIT BOHNEN UND GEMÜSE

ZEIT	PORTIONEN	KALORIEN	EIWEISS	KOHLENHYDRATE	FETT
30 min	4 Burritos	325 kcal	16 g	34 g	12 g

TEIG

70 g Kichererbsenmehl
20 g Haferflocken
1 Ei, Größe M
1 EL Olivenöl

BELAG

1 Möhre
60 g Rotkohl
1 Frühlingszwiebel
50 g Blumenkohl

AVOCADO-DIP

1 Avocado
1 Limette, frisch gepresst

BOHNENDIP

120 g Kidneybohnen, aus der Dose
1 EL Joghurt o. pflanzliche Alternative (Soja, Hafer)

BOHNENSAUCE

100 g schwarze Bohnen, aus der Dose
100 g Passata

AUSSERDEM

4 Stängel Koriander
Chilischote nach Belieben
Meersalz
Pfeffer

Kichererbsenmehl, Haferflocken, Ei, etwas Salz und 120 ml Wasser im Mixer zu einem glatten Teig verarbeiten • Olivenöl in einer Pfanne erhitzen, eine Kelle Teig hineingeben und durch Schwenken dünn und gleichmäßig verteilen • Teig bei mittlerer Hitze backen, sobald er sich vom Pfannenboden löst, vorsichtig wenden • In der gleichen Weise mit dem restlichen Teig verfahren.

Avocado halbieren, entkernen und aus der Schale lösen • Avocado in Stücke schneiden, dann mit der Gabel zerdrücken, bis ein cremiger Brei entstanden ist • Etwas Limettensaft darüber träufeln und mit Salz und Pfeffer abschmecken • Kidneybohnen abspülen und mit Joghurt und etwas Salz mit dem Stabmixer pürieren • Bohnen-Dip mit Salz und Pfeffer abschmecken.

Rotkohl in feine Streifen schneiden • Möhre schälen und in Streifen schneiden • Frühlingszwiebel in Ringe schneiden • Blumenkohl waschen und mit der Reibe zu Blumenkohlreis reiben • Schwarze Bohnen mit Passata in einem Topf kurz erwärmen, dann mit Salz, Pfeffer und nach Belieben etwas Chilischote abschmecken.

Die Teigfladen auf die Teller legen und mit Bohnen-Dip bestreichen • Bohnen-Tomaten-Sauce, Blumenkohlreis, Rotkohl, Möhre, Frühlingszwiebel, Korianderblätter und Avocado-Dip dazugeben und die Teigfladen zu Burritos zusammenrollen.

Weiße Riesenbohnen

MIT PAPRIKA UND TOMATEN

ZEIT	PORTIONEN	KALORIEN	EIWEISS	KOHLENHYDRATE	FETT
20 min	2	315 kcal	12 g	30 g	12 g

240 g weiße Riesenbohnen, aus der Dose
400 g Tomaten Fruchtfleisch, aus der Dose
1 Spitzpaprika, rot
½ rote Zwiebel
3 EL Tomatenmark
2 EL Joghurt o. pflanzliche Alternative (Soja, Hafer)
1 Knoblauchzehe
Chilischote nach Belieben
1 TL Limettensaft, frisch gepresst
4 Stängel Petersilie
2 EL Olivenöl
1 TL Garam Masala
½ TL Zimt
Meersalz
Pfeffer

Bohnen in ein Sieb geben, unter fließendem Wasser abspülen und abtropfen lassen • Zwiebel und Knoblauch schälen und fein würfeln • Paprika halbieren, von Kernen und Trennwänden befreien und in kleine Stücke schneiden • Petersilie waschen und trocken schütteln, dann hacken.

Olivenöl in einem Topf erhitzen und Zwiebel und Knoblauch anschwitzen • Tomatenmark dazugeben und verrühren • Bohnen und Tomaten Fruchtfleisch aus der Dose dazugeben und aufkochen lassen • Mit Zimt, Garam Masala, etwas Salz und Pfeffer würzen, nach Belieben etwas Chilischote hinzufügen.

Hitze reduzieren und Bohnen etwa 10 Minuten köcheln lassen • Mit etwas Limettensaft, Salz und Pfeffer abschmecken • Weiße Bohnen mit Sauce in Schalen füllen und mit jeweils 1 EL Joghurt und etwas gehackter Petersilie bestreuen.

Feta-Gurken-Spieße

MIT SALAT

ZEIT	PORTIONEN	KALORIEN	EIWEISS	KOHLENHYDRATE	FETT
20 min	2	369 kcal	11 g	9 g	32 g

- 100 g Feta
- 200 g Gurke
- 40 g Pekannusskerne
- 100 g Salatblätter, gemischt (z.B. aus Rucola, Radicchio, Mangold)
- 1 TL Honig
- ½ TL Sesam
- 1 EL Olivenöl
- 1 TL Limettensaft, frisch gepresst
- 2 TL Rucola Keimlinge
- Meersalz
- Pfeffer

Salatblätter waschen, abtropfen lassen und in Stücke schneiden • Salatblätter auf zwei Teller geben • Pekannusskerne grob hacken.

Gurke waschen und dann mit dem Sparschäler in lange, dünne Streifen schneiden • Gurkenstreifen auf ein Brett legen • Feta in Stücke schneiden und auf die Gurkenstreifen legen • Gurke mit Feta zusammen einrollen und jeweils 3 Stück auf einen Holzspieß stecken • Spieße zum Salat geben.

Aus Olivenöl, Limettensaft, Honig, etwas Salz und Pfeffer ein Dressing anrühren • Das Dressing über die Spieße und den Salat träufeln • Pekannusskerne, Sesam und Rucola Keimlinge dazugeben.

Waldorf-Salat

MIT SELLERIE UND QUARK

ZEIT	PORTIONEN	KALORIEN	EIWEISS	KOHLENHYDRATE	FETT
10 min	1	187 kcal	8 g	10 g	12 g

¼ Selleriestange
¼ Apfel
2 Walnusskerne
50 g Joghurt o. pflanzliche Alternative (Soja, Hafer)
1 EL Quark, Magerstufe
½ Zitrone
1 Stängel Petersilie
etwas Xucker
Meersalz
Pfeffer

Selleriestange waschen und die trockenen Enden oben und unten abschneiden • Die holzigen Fasern beim Sellerie mit einem Messer abziehen, dann die Stange in dünne Scheiben schneiden.

Apfel waschen, vierteln, entkernen und in Stücke schneiden • Petersilie hacken • Walnusskerne grob hacken.

In einer Schüssel Joghurt, Quark und etwas frisch gepressten Zitronensaft mischen und mit Salz, Pfeffer und einer Prise Xucker abschmecken • Sellerie und Apfelstücke sowie Petersilie und Walnusskerne dazugeben und durchmischen.

Rotkrautsalat mit Apfel

UND PEKANNUSSKERNEN

ZEIT	PORTIONEN	KALORIEN	EIWEISS	KOHLENHYDRATE	FETT
15 min	1	341 kcal	4 g	27 g	24 g

- 100 g Rotkohl
- ¼ Apfel
- ½ Frühlingszwiebel
- 2 EL Granatapfelkerne
- 20 g Pekannusskerne
- 1 EL Zitrone, frisch gepresst
- 1 EL Olivenöl
- 1 TL Ahornsirup
- 10 g Rosinen
- 2 Stängel Minze
- 1 EL Rote Bete Sprossen
- 1 Prise Zimt
- Meersalz
- Pfeffer

Rotkohl putzen, die äußeren, welken Blätter entfernen und in feine Streifen schneiden • Apfel vom Kerngehäuse befreien und in dünne Streifen schneiden • Frühlingszwiebel putzen und in dünne Ringe schneiden • Alles in eine Salatschüssel geben und durchmischen.

In einer kleinen Schüssel Zitronensaft, Olivenöl und Ahornsirup verrühren • Eine Prise Zimt hinzufügen und das Dressing mit Salz und Pfeffer abschmecken • Granatapfelkerne, Rosinen und das Dressing zum Rotkrautsalat geben und alles durchmischen.

Minze waschen, trocken schütteln und in Streifen schneiden • Rotkrautsalat auf einen Teller geben • Pekannusskerne, Sprossen und Minze dazugeben und servieren.

Ofen-Blumenkohl

MIT WALNUSS-TOPPING

ZEIT	PORTIONEN	KALORIEN	EIWEISS	KOHLENHYDRATE	FETT
35 min	3	462 kcal	13 g	36 g	28 g

BLUMENKOHL

1 Blumenkohl
1 EL Harissa Paste
2 EL Olivenöl
1 Knoblauchzehe

TOPPING

30 g Walnusskerne
1 TL Kürbiskerne
1 Zitrone
10 g Parmesan, gerieben
1 Stängel Minze
4 Stängel Basilikum
30 ml Kürbiskernöl
1 EL Ahornsirup
Meersalz
Pfeffer
\+
Süßkartoffelpüree
(s. S. 265)

Blumenkohlröschen vom Stiel schneiden, waschen und abtropfen lassen • Knoblauch schälen und hacken • In einer kleinen Schüssel Olivenöl mit Harissa, Knoblauch, Salz und Pfeffer mischen • Blumenkohlröschen in eine Auflaufform legen, mit der Marinade bepinseln und im vorgeheizten Backofen bei 160°C Umluft etwa 30 Minuten garen.

Währenddessen das Süßkartoffelpüree zubereiten.

Für das Topping Walnusskerne und Kürbiskerne in einer Pfanne ohne Fett anrösten, dann herausnehmen, kurz abkühlen lassen und grob hacken • Kräuter waschen und trocken schütteln, dann die Blätter abzupfen und hacken.

Zitrone heiß waschen, abtrocknen und mit der Reibe die Zitronenschale abreiben • Zitrone halbieren und auspressen • In einer kleinen Schüssel Kürbiskernöl mit etwas Zitronensaft, Ahornsirup, Walnuss- und Kürbiskernen, gehackten Kräutern und Zitronenschalenabrieb mischen und mit Salz und Pfeffer würzen.

Blumenkohl aus dem Ofen nehmen • Süßkartoffelpüree auf den Tellern anrichten und Blumenkohl dazugeben • Das Topping über die Röschen verteilen und zuletzt mit Parmesan bestreuen.

Salat mit Feige

ZIEGENFRISCHKÄSE UND CASHEWKERNEN

ZEIT	PORTIONEN	KALORIEN	EIWEISS	KOHLENHYDRATE	FETT
30 min	1	662 kcal	15 g	45 g	44 g

20 g Rucola
½ Romanasalat
¼ Paprika, rot
2 Tomaten
2 Radieschen
30 g schwarzer Reis
¼ Frühlingszwiebel
½ Feige
2 Ziegenfrischkäsetaler
1 EL Cashewkerne
1 EL Balsamico, Aceto Balsamico
3 EL Olivenöl
1 EL Ahornsirup
Meersalz
Pfeffer

Schwarzen Reis an Packungsanleitung kochen • Salatblätter waschen und abtropfen lassen • Beim Rucola zu lange Stielenden entfernen • Romanasalat klein schneiden • Paprika von Kernen und Trennwänden befreien und in Würfel schneiden.

Tomaten in Stücke schneiden • Radieschen putzen und in kleine Stücke schneiden • Frühlingszwiebel putzen und in dünne Ringe schneiden • Feige waschen und in Spalten schneiden • Cashewkerne grob hacken.

Die vorbereiteten Zutaten in eine Salatschüssel geben • Ziegenfrischkäsetaler mit den Fingern klein zupfen und zum Salat geben • Den fertigen schwarzen Reis abgießen und kurz mit kaltem Wasser etwas runterkühlen, dann abgießen, abtropfen lassen und zum Salat geben.

In einer kleinen Schüssel aus Olivenöl, Balsamico und Ahornsirup ein Dressing anrühren und das Ganze mit Salz und Pfeffer würzen • Das Dressing zum Salat in die Schüssel geben und alles durchmischen • Salat auf einem Teller anrichten.

Gefüllte Auberginen

IN TOMATENSAUCE

ZEIT	PORTIONEN	KALORIEN	EIWEISS	KOHLENHYDRATE	FETT
50 min	2	465 kcal	27 g	19 g	30 g

1 Aubergine
1 - 2 EL Olivenöl zum Bestreichen
30 g Parmesan, gerieben

FÜLLUNG

200 g Ricotta
1 Zitrone
2 Stängel Petersilie
2 Stängel Basilikum
30 g Parmesan, gerieben

SAUCE

400 g Tomaten Fruchtfleisch, aus der Dose
½ Knoblauchzehe
1 EL Olivenöl
1 TL Kräuter de Provence
½ TL Paprika Pulver, edelsüß
Meersalz
Pfeffer

Aubergine in Streifen schneiden • Backblech mit 1 - 2 EL Olivenöl bestreichen, Auberginenstreifen darauf verteilen und im vorgeheizten Backofen bei 200°C Ober-/Unterhitze etwa 15 Minuten rösten, bis sie goldbraun sind.

Knoblauch schälen und in feine Scheiben schneiden • In einer Pfanne 1 EL Olivenöl erhitzen und Knoblauch anbraten • Tomaten Fruchtfleisch und 100 ml Wasser dazugeben • Paprika Pulver und Kräuter de Provence hinzufügen • Alles verrühren, kurz aufkochen lassen, dann die Hitze reduzieren und 15 Minuten köcheln lassen, bis die Sauce eindickt.

Für die Auberginenfüllung Zitrone heiß waschen, abtrocknen und mit der Reibe die Schale abreiben • Zitrone dann halbieren und auspressen • Petersilie und Basilikum waschen, trocken schütteln und hacken • Ricotta mit Zitronensaft und -abrieb in einer Schüssel verrühren, Petersilie, Basilikum und Parmesan unterrühren • Ricottamischung mit Salz und Pfeffer abschmecken.

Auberginenstreifen aus dem Ofen nehmen und kurz etwas abkühlen lassen • Tomatensauce mit Salz und Pfeffer abschmecken und in eine ofenfeste Form füllen • Auf jeden Auberginenstreifen etwa 1 TL der Ricottamischung geben und zusammenrollen • Auberginenrollen in die Form legen, mit Parmesan bestreuen und im heißen Ofen nochmals 20 - 25 Minuten backen, dann herausnehmen und servieren.

Kichererbsen Tikka Masala

IM SALATBLATT

ZEIT	PORTIONEN	KALORIEN	EIWEISS	KOHLENHYDRATE	FETT
25 min	4	190 kcal	9 g	12 g	7 g

TIKKA MASALA

- 350 g Kichererbsen, aus der Dose
- 400 g Passata
- 60 g Joghurt o. pflanzliche Alternative (Soja, Hafer)
- ½ rote Zwiebel
- 1 EL Olivenöl
- 1 EL Garam Masala
- 1 TL Harissa Paste
- ½ TL Kurkuma, gemahlen
- ¼ TL Ingwer, frisch gerieben

AUSSERDEM

- 12 Kopfsalatblätter
- 4 EL Rucola Keimlinge
- 4 EL Zwiebel Pickles (s. S. 259)
- Chilischote nach Belieben
- Meersalz
- Pfeffer

Zwiebel schälen und in kleine Stücke schneiden • Kichererbsen in ein Sieb geben, unter fließendem Wasser abspülen und abtropfen lassen • Kopfsalatblätter waschen und abtropfen lassen.

Olivenöl in einer großen Pfanne erhitzen und Zwiebelstücke darin bei mittlerer Hitze anschwitzen • Garam Masala, Harissa, Kurkuma und Ingwer dazugeben und etwa 1 Minute mitbraten.

Kichererbsen, Passata und Joghurt dazugeben und alles zum Kochen bringen • Das Ganze bei schwacher Hitze 20 Minuten köcheln lassen • Kichererbsen Tikka Masala mit Salz und Pfeffer abschmecken, von der Herdplatte nehmen und kurz ruhen lassen.

Chilischote in dünne Ringe schneiden • Kichererbsen Tikka Masala in die Salatblätter füllen und jeweils ein paar Chiliringe, Rucola Keimlinge und Zwiebel Pickles dazugeben.

Gerösteter Rosenkohl

MIT WEISSE-BOHNEN-PÜREE

ZEIT	PORTIONEN	KALORIEN	EIWEISS	KOHLENHYDRATE	FETT
20 min	2	515 kcal	31 g	47 g	15 g

150 g Rosenkohl
20 g Feta
1 EL Olivenöl
1 EL Alfalfasprossen
1 EL Granatapfelkerne
1 Stängel Dill
1 Stängel Koriander
Meersalz
Pfeffer

BOHNEN-PÜREE

240 g Weiße Bohnen, aus der Dose
½ Knoblauchzehe
1 TL Tahin
1 Limette
1 EL Olivenöl

Sprossen in ein Sieb geben, unter fließendem Wasser abspülen und abtropfen lassen • Koriander und Dill waschen, trocken schütteln und die Blätter abzupfen • Limette heiß waschen, abtrocknen und mit der Reibe die Schale abreiben • Limette dann halbieren und auspressen.

Bohnen in ein Sieb geben, unter fließendem Wasser abspülen und abtropfen lassen • Knoblauch schälen • Bohnen, Knoblauch, Tahin und 30 ml Wasser in einen Mixbecher geben und mit dem Pürierstab pürieren, bis alles schön sämig ist • Püree mit Salz würzen, Limettensaft und 1 EL Olivenöl mit einem Löffel unterrühren.

Die äußeren, welken Blätter beim Rosenkohl entfernen • In einem kleinen Topf Wasser mit etwas Salz zum Kochen bringen und Rosenkohl für etwa 3 Minuten blanchieren • Rosenkohl in einer Schüssel mit kaltem Wasser kurz abkühlen lassen, dann halbieren.

In einer Pfanne 1 EL Olivenöl erhitzen und Rosenkohl mit der Schnittfläche nach unten in die Pfanne geben • Rosenkohl kurz scharf anbraten und mit Salz und Pfeffer würzen.

Weiße-Bohnen-Mus auf die Teller geben • Rosenkohl, zerkleinerten Feta, Sprossen und Granatapfelkerne dazugeben • Zuletzt etwas abgeriebene Limettenschale und die Kräuter dazugeben.

Gebackener Kürbis

MIT ZIEGENKÄSE UND SALAT

ZEIT	PORTIONEN	KALORIEN	EIWEISS	KOHLENHYDRATE	FETT
20 min	1	435 kcal	15 g	15 g	33 g

- 20 g Rucola
- 20 g Batavia Salat
- 20 g Feldsalat
- 25 g Gurke
- 2 Radieschen
- 2 Cherrytomaten
- 80 g Hokkaido Kürbis
- 2 Ziegenfrischkäsetaler
- 1 EL Kürbiskerne
- 1 EL Rucola Keimlinge
- 2 EL Olivenöl
- Meersalz
- Pfeffer

Kürbis in schmale Streifen schneiden und auf ein mit Backpapier ausgelegtes Backblech geben • Kürbis mit Olivenöl bepinseln und mit Salz und Pfeffer würzen • Kürbis im vorgeheizten Backofen bei 170°C etwa 15 Minuten backen, je dünner die Streifen, desto schneller ist der Kürbis gar • Die Kürbisstreifen sollten weich, aber nicht matschig sein, einfach mit der Gabel testweise hineinstechen.

Währenddessen Salatblätter und Gemüse waschen und abtropfen lassen • Salatblätter klein schneiden • Gurke in Scheiben schneiden • Tomaten vierteln • Radieschen putzen und in Scheiben schneiden • Kürbiskerne grob hacken.

Die vorbereiteten Salatzutaten in eine Schüssel geben und mit 1 EL Olivenöl mischen • Salat mit Salz und Pfeffer würzen • Ziegenfrischkäse mit den Fingern klein zupfen und zum Salat geben.

Salat auf einem Teller anrichten • Gebackene Kürbisstreifen zum Salat geben und mit Kürbiskernen und Rucola Keimlingen bestreuen.

Gemüse-Nudel-Salat

MIT LIMETTEN-ERDNUSS-DRESSING

ZEIT	PORTIONEN	KALORIEN	EIWEISS	KOHLENHYDRATE	FETT
20 min	1	512 kcal	21 g	31 g	31 g

SALAT

200 g Gurke
100 g Möhre
100 g Spitzkohl
30 g Paprika, gelb
30 g Paprika, rot
1 Frühlingszwiebel
100 g Konjaknudeln
1 Limette
4 Stängel Koriander
Chilischote nach Belieben
1 EL Cashewkerne
1 EL Sesam

DRESSING

1 Knoblauchzehe
10 g Ingwer
1,5 EL Erdnussmus
5 EL Soja Sauce
2 EL Reisessig
1 TL Sesamöl
Meersalz
Pfeffer

Gurke schälen, längs halbieren und Kerne mit einem Löffel herauskratzen • Gurke in dünne, etwa 5 cm lange Stifte schneiden • Möhre schälen und ebenfalls in dünne, etwa 5 cm lange Stifte schneiden • Limette halbieren und den Saft auspressen.

Spitzkohl putzen, die welken Blätter entfernen und in feine Streifen schneiden • Paprika von Kernen und Trennwänden befreien und in Stifte schneiden • Frühlingszwiebel putzen und in dünne Ringe schneiden • Koriander waschen und abtropfen lassen • Gurke, Möhre, Spitzkohl, Paprika und Frühlingszwiebel in eine Salatschüssel geben und durchmischen.

Für das Dressing Knoblauch und Ingwer schälen, fein reiben und in eine kleine Schüssel geben • Erdnussmus, Soja Sauce, Reisessig, Sesamöl und etwas frisch gepressten Limettensaft dazugeben und verrühren • Dressing mit Salz und Pfeffer abschmecken.

Konjaknudeln nach Packungsanleitung zubereiten, dann abgießen und kurz abtropfen lassen • Konjaknudeln zum Salat geben und alles durchmischen • Salat in eine Schale geben • Cashewkerne und Sesam in einer Pfanne ohne Fett anrösten und zum Salat geben • Korianderblätter und nach Belieben etwas Chilischote dazugeben und mit dem Dressing zusammen servieren.

TIPP

Konjaknudeln schmecken relativ neutral und bekommen erst durch das Dressing richtig Geschmack.

Gebackener Feta

MIT BOHNEN

ZEIT	PORTIONEN	KALORIEN	EIWEISS	KOHLENHYDRATE	FETT
20 min	2	541 kcal	26 g	26 g	34 g

- 1 Feta
- 240 g weiße Bohnen, aus der Dose
- ½ rote Zwiebel
- 1 Knoblauchzehe
- 400 g Filetti Pomodori Tomatenviertel, aus der Dose
- 2 TL Tomatenmark
- 2 EL Olivenöl
- ½ TL Kräuter de Provence
- ½ TL Paprika Pulver, edelsüß
- 4 Stängel Petersilie
- 2 Stängel Rosmarin
- Meersalz
- Pfeffer

Bohnen in ein Sieb geben, unter fließendem Wasser abspülen und abtropfen lassen • Zwiebel schälen und fein würfeln • Knoblauch schälen und mit der breiten Messerseite platt drücken • Kräuter waschen und abtropfen lassen.

In einem Topf das Olivenöl erhitzen und Zwiebel und Knoblauch anschwitzen • Tomatenmark dazugeben und durchrühren • Tomatenfilets dazugeben und aufkochen lassen • Bohnen, Kräuter de Provence und Paprika Pulver dazugeben und mit Salz und Pfeffer würzen.

Bohnen Tomaten Sauce mit Rosmarin in eine ofenfeste Form geben • Feta mittig in die Sauce legen und mit 1 EL Olivenöl beträufeln • Das Ganze im vorgeheizten Backofen bei 180°C Umluft etwa 10 Minuten backen, dann mit gehackter Petersilie bestreuen und servieren.

TIPP

Dazu passt unser Naan Brot (s. S. 230).

Kürbissuppe mit Curry

UND KOKOSMILCH, KERNEN UND PILZEN

ZEIT	PORTIONEN	KALORIEN	EIWEISS	KOHLENHYDRATE	FETT
30 min	2	735 kcal	10 g	28 g	64 g

½ Hokkaido Kürbis
2 EL Kokosöl
½ rote Zwiebel
1 TL Curry Pulver
½ TL Harissa Paste nach Belieben
1 Prise Fünf-Gewürze-Pulver
2 Kräuterseitlinge
1 Schalotte
300 ml Kokosmilch
½ Knoblauchzehe
3 EL Kürbiskernöl
4 Stängel Petersilie
4 Stängel Koriander
4 Stängel Dill
2 EL Rote Bete Sprossen
1 EL Kürbiskerne
1 EL Pinienkerne
Meersalz
Pfeffer

Kürbis waschen, trocknen und mit einem großen Messer halbieren • Hokkaido Kürbis kann mit Schale weiterverarbeitet werden • Mit einem Löffel die Kerne herauskratzen und eine Hälfte in kleine Stücke schneiden.

Zwiebel schälen und in Würfel schneiden • In einem Topf 1 EL Kokosöl erhitzen • Zwiebel, Kürbis, Curry Pulver, Fünf-Gewürze-Pulver und Harissa dazugeben und unter Rühren alles anbraten • Sobald der Kürbis weicher wird, die Hälfte der Kokosmilch hinzugeben und aufkochen lassen • Dann die restliche Kokosmilch hinzufügen und bei kleiner Hitze 10 - 15 Minuten köcheln lassen.

Schalotte und Knoblauch schälen und fein würfeln • Pilze putzen und in Scheiben schneiden • Kräuter waschen, trocken schütteln, die Blättchen abzupfen und fein hacken.

In einer Pfanne ohne Fett die Kürbiskerne anrösten, dann beiseite stellen • Pinienkerne ebenfalls anrösten und beiseite stellen • Kürbiskerne hacken und mit Kürbiskernöl und Kräutern in einer Schüssel mischen • Kräuterdressing mit Salz und Pfeffer abschmecken.

Suppe mit dem Stabmixer pürieren und mit Salz und Pfeffer abschmecken • 1 EL Kokosöl in die Pfanne geben und Schalotte und Pilze braten • Kürbissuppe in Schüsseln füllen und die gebratenen Pilze mit Schalotte sowie das Kräuterdressing als Topping dazugeben • Zuletzt Pinienkerne und Sprossen dazugeben und servieren.

Gefüllte Zucchinipäckchen

MIT BRAUNEN LINSEN

ZEIT	PORTIONEN	KALORIEN	EIWEISS	KOHLENHYDRATE	FETT
30 min	2	323 kcal	19 g	36 g	9 g

1 große Zucchini
4 Stängel Koriander

FÜLLUNG

100 g braune Linsen
250 ml Gemüse Fond (s. S. 268)
½ Frühlingszwiebel
1 Knoblauchzehe
1 EL Soja Sauce
1 EL Rotweinessig
1 EL Olivenöl
1 TL Agavendicksaft
1 TL Sesam
1 TL Thymian, gerebelt
½ TL Koriander, gemahlen

DIP

2 EL Joghurt o. pflanzliche Alternative (Soja, Hafer)
1 TL Harissa Paste
Meersalz
Pfeffer

Frühlingszwiebel und Knoblauch schälen und fein hacken • Olivenöl in der Pfanne erhitzen und Frühlingszwiebel und Knoblauch bei mittlerer Hitze anschwitzen • Linsen dazugeben und für ein paar Minuten mitbraten.

Linsen mit Rotweinessig ablöschen, Soja Sauce und Agavendicksaft dazu geben und durchrühren • Gemüse Fond dazugeben und alles aufkochen lassen • Thymian, Koriander und etwas Salz dazugeben, Hitze reduzieren und Linsen etwa 20 Minuten köcheln lassen, bis sie gar sind.

Währenddessen Zucchini waschen, trocknen und mit dem Sparschäler in dünne Streifen schneiden • Grillpfanne erhitzen und die Zucchinistreifen von beiden Seiten kurz vorgrillen, so lassen sie sich leichter formen • Koriander waschen, trocken schütteln und die Blätter abzupfen.

Zucchinistreifen aus der Pfanne nehmen und jeweils 2 Streifen über Kreuz legen • In die Mitte jeweils 1 - 2 EL Linsen geben und die Zucchinistreifen zusammenklappen • Zucchinipäckchen vorsichtig in die heiße Grillpfanne legen und von beiden Seiten grillen.

Aus Joghurt und Harissa einen Dip anrühren und mit Salz und Pfeffer abschmecken • Zucchinipäckchen auf die Teller geben, mit Sesam bestreuen und Korianderblätter dazugeben • Zucchinipäckchen mit dem Dip zusammen servieren.

Gefüllte Aubergine

MIT KICHERERBSEN

ZEIT	PORTIONEN	KALORIEN	EIWEISS	KOHLENHYDRATE	FETT
50 min	1	531 kcal	14 g	27 g	37 g

1 Aubergine
50 g Kichererbsen, aus der Dose
1 EL Pinienkerne
½ Knoblauchzehe
1 TL Tomatenmark
100 g Tomaten Fruchtfleisch, aus der Dose
Harissa Paste nach Belieben
½ Zitrone
4 Stängel Koriander
2 Stängel Rosmarin
1 Prise Zimt
½ TL Garam Masala
2 EL Olivenöl
Meersalz
Pfeffer
+
1 Portion Blumenkohlreis (s. S. 257)

Aubergine waschen, halbieren und mit einem Messer die Schnittfläche rautenförmig einschneiden • Auberginenhälften mit der Schnittfläche in eine ofenfest Form legen und mit 1 EL Olivenöl bepinseln • Aubergine im vorgeheizten Backofen bei 200°C Ober-/Unterhitze etwa 30 Minuten backen.

Knoblauch schälen und hacken • Kräuter waschen und trocken schütteln, beim Koriander die Blätter abzupfen und hacken • Kichererbsen in ein Sieb geben und unter fließendem Wasser abspülen, dann abtropfen lassen • Zitronenhalfte auspressen.

Aubergine aus dem Ofen nehmen und das weiche Fruchtfleisch mit einem Löffel vorsichtig aus der Schale lösen, sodass diese intakt bleibt • Auberginenschale in der Ofenform liegen lassen, Auberginenfruchtfleisch hacken.

In einem Topf 1 EL Olivenöl erhitzen und Knoblauch mit Tomatenmark und Auberginenfruchtfleisch anbraten • Tomaten Fruchtfleisch, Kichererbsen, nach Belieben etwas Harissa dazugeben und durchrühren • Gewürze, Rosmarin und etwas Zitronensaft dazugeben und die Sauce etwa 5 Minuten köcheln lassen.

Sauce mit Salz und Pfeffer abschmecken und in die leeren Auberginenschalen füllen • Das Ganze für etwa 10 Minuten im Ofen bei 175°C Umluft backen.

Währenddessen den Blumenkohlreis nach Anleitung zubereiten • Pinienkerne ohne Fett in einer heißen Pfanne anrösten • Auberginenhälften aus dem Ofen nehmen, auf einen Teller geben und die Pinienkerne darüber verteilen • Blumenkohlreis dazugeben und alles mit Koriander bestreuen.

Geröstete Blumenkohlsuppe

MIT VITAL-TOPPING

ZEIT	PORTIONEN	KALORIEN	EIWEISS	KOHLENHYDRATE	FETT
40 min	2	374 kcal	14 g	11 g	29 g

- 300 g Blumenkohl
- 1 Knoblauchzehe
- ½ Zitrone
- 3 EL Olivenöl
- ½ TL Koriander, gemahlen
- ½ TL Kreuzkümmel, gemahlen
- 400 ml Soja Drink o. eine Alternative
- 250 ml Gemüse Fond (s. S. 268)

TOPPING

- 2 Blumenkohlblätter
- 1 EL Pinienkerne
- 5 Stängel Koriander
- 10 g Parmesan, gerieben
- 1 EL Olivenöl
- 1 TL Sesam
- Chilischote nach Bedarf
- Meersalz
- Pfeffer

Blumenkohlröschen vom Stiel schneiden, waschen und abtropfen lassen • Für das Topping 2 - 3 kleinere Blumenkohlblätter beiseite legen • Knoblauch schälen und halbieren • Zitrone heiß waschen, abtrocknen und mit der Reibe die Schale abreiben, dann den Saft auspressen.

In einer Schüssel etwas Zitronensaft, 1 EL Olivenöl, Koriander, Kreuzkümmel, die Hälfte vom Zitronenschalenabrieb und etwas Salz mischen • Blumenkohlröschen und Knoblauch hineingeben und durchschwenken • Das Ganze auf ein mit Backpapier ausgelegtes Backblech geben und im vorgeheizten Backofen bei 200°C Umluft etwa 30 Minuten rösten • Zwischendurch mehrmals durchmischen, damit die Blumenkohlröschen gleichmäßig Farbe bekommen, aber nicht verbrennen.

Währenddessen das Topping vorbereiten, dazu in einer Pfanne ohne Fett Pinienkerne und Sesam anrösten, dann herausnehmen und beiseite stellen • Blumenkohlblätter und 1 EL Olivenöl in die heiße Pfanne geben und ebenfalls anrösten, dann grob hacken • Koriander waschen, trocken schütteln, die Blätter abzupfen und grob hacken • Chilischote in kleine Stücke schneiden.

In einer kleinen Schüssel 2 EL Olivenöl, Pinienkerne, Sesam und Chilischote mit den gehackten Blumenkohl- und Korianderblätter mischen • Parmesan, etwas Zitronensaft und den restlichen Zitronenschalenabrieb dazugeben und mit Salz und Pfeffer würzen.

Blumenkohlröschen aus dem Ofen nehmen, mit Fond und Soja Drink in einen Topf geben und erwärmen • Das Ganze dann mit dem Stabmixer pürieren • Je nach gewünschter Konsistenz noch etwas Wasser dazugeben • Blumenkohlsuppe mit Salz und Pfeffer abschmecken, in zwei Schüsseln füllen und das vorbereitete Topping dazugeben.

Griechischer Salat

MIT TZATZIKI

ZEIT	PORTIONEN	KALORIEN	EIWEISS	KOHLENHYDRATE	FETT
15 min	2	450 kcal	13 g	26 g	30 g

- 200 g Kichererbsen, aus der Dose
- 100 g Gurke
- 3 Tomaten
- 80 g Kalamata Oliven, aus dem Glas
- 1 EL Zwiebel Pickles (s. S. 258)
- 3 EL Olivenöl
- 2 EL Rotweinessig
- 1 TL Kräuter de Provence
- 150 g Joghurt, nach griechischer Art
- 1 EL Zitronensaft, frisch gepresst
- 1 Knoblauchzehe
- 4 Stängel Dill
- 2 Stängel Minze
- 6 Stängel Schnittlauch
- Meersalz
- Pfeffer

Gurke schälen, die Hälfte mit der Reibe klein reiben, den Rest in kleine Stücke schneiden • Kräuter waschen, trocken schütteln, fein hacken und in eine Schüssel geben • Knoblauch schälen, mit der Knoblauchpresse auspressen und zu den Kräutern geben • Joghurt, geriebene Gurke, Kräuter de Provence, Zitronensaft und 1 EL Olivenöl dazugeben und alles durchrühren • Tzatziki mit Salz und Pfeffer abschmecken.

Kichererbsen in ein Sieb geben, unter fließendem Wasser abspülen und abtropfen lassen • Tomaten in Stücke schneiden • Kichererbsen, Oliven, Tomaten- und Gurkenstücke in eine Salatschüssel geben • Rotweinessig und 2 EL Olivenöl dazugeben, alles mit Salz und Pfeffer würzen und den Salat einmal gut durchmischen.

Tzatziki auf einen großen Teller oder eine große Platte geben • Salat mittig dazugeben und obendrauf die Zwiebel Pickles verteilen.

Quinoa Bratlinge

MIT SALAT UND JOGHURT-DIP

ZEIT	PORTIONEN	KALORIEN	EIWEISS	KOHLENHYDRATE	FETT
45 min	2	638 kcal	21 g	42 g	41 g

BRATLINGE

80 g Quinoa
1 Ei, Größe M
1 Schalotte
25 g Dinkelvollkornmehl
25 g Parmesan, gerieben
25 g Hüttenkäse
3 Stängel Koriander
3 Stängel Petersilie
2 EL Olivenöl
1 TL Tomatenmark

SALAT

100 g Gurke
6 kleine Tomaten
80 g Salatblätter
4 Radieschen
½ Avocado
1 EL Olivenöl
4 Stängel Dill

DIP

125 g Joghurt o. pflanzliche Alternative (Soja, Hafer)
1 EL Rucola Keimlinge
Meersalz
Pfeffer

Quinoa Körnchen in ein Sieb geben und abspülen, dann in einen Topf geben und mit Wasser bedeckt etwa 8 Minuten köcheln lassen, so dass die Körnchen noch Biss haben • Das restliche Wasser abgießen • Quinoa zurück ins Sieb geben und mit kaltem Wasser runterkühlen, dann gut abtropfen lassen.

Schalotte schälen und fein würfeln • Kräuter waschen, trocken schütteln und die Blätter vom Stiel zupfen • Petersilien- und Korianderblätter fein hacken, die Kräuterstiele separat hacken • 1 EL Olivenöl in der Pfanne erhitzen und Schalotte und Kräuterstiele anbraten, Tomatenmark hinzufügen und durchrühren.

In einer Schüssel das Ei mit einer Gabel verquirlen • Mehl, kalte Quinoakörnchen, gehackte Kräuter, Hüttenkäse und geriebenen Parmesan unterrühren • Schalotte und Kräuterstiele dazugeben, alles mischen und zu einer Teigmasse verkneten • Teig 20 Minuten im Kühlschrank ruhen lassen.

Salatblätter waschen, abtropfen lassen und klein schneiden • Tomaten in Stücke schneiden • Gurke halbieren, eine Hälfte in Stücke schneiden, die andere Hälfte klein reiben und für den Dip beiseite stellen • Avocado aus der Schale lösen und in Stücke schneiden • Radieschen putzen und in Scheiben schneiden.

Gurkenstücke, Tomaten, Avocado, Radieschen, Salatblätter und 1 EL Olivenöl in eine Salatschüssel geben, mit Salz und Pfeffer würzen und durchmischen • Dillspitzen dazugeben • Für den Dip Joghurt mit Gurkenraspeln und Rucola Keimlingen mischen und mit Salz und Pfeffer abschmecken.

Teig aus dem Kühlschrank nehmen und daraus 4 - 6 etwa 1 cm dicke Bratlinge formen, je nachdem, ob es große oder kleinere Bratlinge werden sollen • In der Pfanne 1 EL Olivenöl erhitzen und die Bratlinge von beiden Seiten bei mittlerer Hitze braten, bis sie außen goldbraun und knusprig sind • Salat und Bratlinge auf die Teller geben und mit dem Dip zusammen servieren.

Rote Linsen Dal

MIT GARAM MASALA

ZEIT	PORTIONEN	KALORIEN	EIWEISS	KOHLENHYDRATE	FETT
30 min	4	402 kcal	20 g	42 g	16 g

- 250 g rote Linsen
- 1 EL Kokosöl
- 200 ml Kokosmilch
- 400 g Tomaten, stückig aus der Dose
- 1 TL Kreuzkümmel, gemahlen
- 1 TL Kurkuma
- 1 TL Garam Masala
- 1 Zwiebel
- 1 Knoblauchzehe
- Chilischote nach Belieben
- 10 g Ingwer, gerieben
- 1 Limette
- 2 EL Joghurt o. pflanzliche Alternative (Soja, Hafer)
- 2 Stängel Petersilie
- Meersalz

Zwiebel und Knoblauch schälen und fein würfeln • Etwas Chilischote in Ringe schneiden • Kokosöl in einem Topf erhitzen • Zwiebel, Knoblauch, Ingwer, Kreuzkümmel, Kurkuma und Garam Masala dazugeben und alles anschwitzen.

Unter ständigem Rühren die Linsen und etwas Chili dazugeben und kurz mit anschwitzen • Das Ganze mit Kokosmilch und stückigen Tomaten ablöschen und 15 - 20 Minuten bei kleiner Hitze köcheln lassen, bis die Linsen weich sind • Nach Bedarf etwas Wasser dazugeben.

Limette halbieren und den Saft auspressen • Rote Linsen Dal mit Salz und Limettensaft abschmecken und in Schalen füllen • Jeweils 1 EL Joghurt und etwas Petersilie dazugeben.

TIPP

Rote Linsen Dal kannst du prima für die gefüllten Salatblätter (s. S. 132) verwenden.

Salat-Wraps

MIT LINSEN DAL

ZEIT	PORTIONEN	KALORIEN	EIWEISS	KOHLENHYDRATE	FETT
5 min	1	471 kcal	21 g	46 g	19 g

- 5 Romanasalatblätter
- ½ Frühlingszwiebel
- 2 Radieschen
- 2 Kalamata Oliven, aus dem Glas
- 10 g Parmesan, gerieben
- 2 Stängel Basilikum
- 1 Stängel Petersilie

\+

- 1 Portion Rote Linsen Dal (s. S. 130)

Salatblätter waschen und gut abtropfen lassen • Frühlingszwiebel putzen und in Ringe schneiden • Radieschen putzen und in kleine Stücke schneiden • Oliven in kleine Stücke schneiden • Basilikum und Petersilie waschen, trocken schütteln und hacken.

Rote Linsen Dal, kann kalt oder warm verwendet werden, auf die Salatblätter geben • Oliven, Radieschen und Frühlingszwiebel darauf verteilen • Alles mit Parmesan und gehackten Kräutern bestreuen.

Rosenkohlsalat

MIT PEKANNUSSKERNEN

ZEIT	PORTIONEN	KALORIEN	EIWEISS	KOHLENHYDRATE	FETT
25 min	1	693 kcal	18 g	21 g	56 g

- 200 g Rosenkohl
- 1 EL Pekannusskerne
- ½ rote Zwiebel
- 50 g Feta
- 1 EL Cranberries, getrocknet
- 4 EL Olivenöl
- 1 EL Balsamico, Aceto Balsamico
- 1 EL Orangensaft
- 1 EL Ahornsirup
- 1 EL Rucola Keimlinge
- Meersalz
- Pfeffer

Rosenkohl putzen, die welken Blätter entfernen und halbieren • Zwiebel schälen und klein schneiden • Rosenkohl mit Zwiebel, 1 EL Olivenöl, etwa Salz und Pfeffer in eine Schüssel mischen • Alles in eine Auflaufform geben und im vorgeheizten Backofen bei 180°C etwa 20 Minuten garen • Wer Rosenkohl weicher mag, lässt ihn ein paar Minuten länger im Ofen.

Währenddessen aus Balsamico, Orangensaft, Ahornsirup und 3 EL Olivenöl in der Schüssel ein Dressing anrühren • Pekannusskerne grob hacken • Feta mit den Fingern zerkleinern.

Rosenkohl aus dem Ofen nehmen und zum Dressing geben • Pekannusskerne, Feta und Cranberries dazugeben und durchmischen • Rosenkohlsalat in eine Schale füllen und mit Rucola Keimlingen bestreuen.

Smashed Kürbis

MIT PESTO UND PINIENKERNEN

ZEIT	PORTIONEN	KALORIEN	EIWEISS	KOHLENHYDRATE	FETT
35 min	2	422 kcal	9 g	20 g	32 g

½ Hokkaido Kürbis
15 Stängel Basilikum
2 EL Pinienkerne
30 g Parmesan, gerieben
½ Knoblauchzehe
5 EL Olivenöl
Meersalz
Pfeffer

Kürbis waschen, abtrocknen und mit einem großen Messer halbieren, dann die Kerne mit einem Löffel herauskratzen • Kürbis in große Stücke schneiden • In einer Schüssel 2 EL Olivenöl mit etwas Salz und Pfeffer verrühren und darin die Kürbisstücke wenden • Kürbisstücke in eine ofenfeste Form geben und im vorgeheizten Backofen bei 200°C Ober-/Unterhitze etwa 15 Minuten garen.

Für das Pesto Basilikum waschen, trocken schütteln und die Blätter abzupfen • Knoblauch schälen • Basilikumblätter mit 3 EL Olivenöl, Knoblauch, etwas Salz und Pfeffer in einen Mixbecher geben und mit dem Stabmixer pürieren • In einer Pfanne ohne Fett die Pinienkerne anrösten.

Form aus dem Ofen nehmen und die weichen Kürbisstücke mit einem Glas flach drücken • Smashed Kürbisstücke mit Pesto bestreichen und Parmesan darübergeben • Form zurück in den Ofen geben und Kürbis weitere 10 Minuten backen • Smashed Kürbis mit gerösteten Pinienkernen bestreuen und servieren.

TIPP

Dazu passt ein frischer Salat gut.

Selbstgemachte Pommes

AUS KOHLRABI

ZEIT	PORTIONEN	KALORIEN	EIWEISS	KOHLENHYDRATE	FETT
30 min	1	189 kcal	6 g	16 g	10 g

- 1 Kohlrabi
- 1 TL Paprika Pulver, edelsüß
- 1 TL Pommes Gewürz
- ½ TL Meersalz
- 1 TL Maisstärke
- 1 EL Olivenöl

Kohlrabi schälen und in gleich große Pommes schneiden • Pommes Gewürz, Paprika Pulver, Salz und Stärke in einen Zip-Beutel geben und mischen • Kohlrabi Pommes dazugeben, Beutel verschließen und alles gut durchschütteln, bis die Pommes von allen Seiten mit der Gewürzmischung überzogen sind • Zuletzt das Olivenöl dazugeben und nochmals durchschütteln.

Kohlrabi Pommes auf ein mit Backpapier ausgelegtes Backblech geben - dabei die Pommes so verteilen, dass sie nicht übereinander liegen • Pommes im vorgeheizten Backofen bei 200°C Umluft 10 Minuten backen, dann wenden und weitere 10 Minuten backen.

TIPP

Kohlrabi Pommes mit Ketchup oder Aioli schmecken lassen.

Vegane Linsen-Bolognese

MIT BERGLINSEN

ZEIT	PORTIONEN	KALORIEN	EIWEISS	KOHLENHYDRATE	FETT
40 min	4	288 kcal	15 g	34 g	9 g

- 400 g Tomaten stückig, aus der Dose
- 200 g Berglinsen, braun
- 1 Selleriestange
- 1 Zwiebel
- 1 Möhre
- 1 Knoblauchzehe
- 500 ml Gemüse Fond (s. S. 268)
- 100 ml Soja Creme (Sahne-Ersatz zum Kochen)
- 1 EL Tomatenmark
- 1 EL Olivenöl
- 1 Lorbeerblatt
- Muskatnuss
- Meersalz
- Pfeffer

Selleriestange abziehen und in kleine Würfel schneiden • Zwiebel schälen und fein würfeln • Möhre schälen und fein würfeln • Olivenöl in einem Topf erhitzen und Sellerie, Zwiebel und Möhre bei mittlerer Hitze anschwitzen • Knoblauch schälen, fein würfeln und dazugeben.

Fond, Linsen, stückige Tomaten, Tomatenmark und Lorbeerblatt in den Topf geben und alles aufkochen lassen • Topfdeckel auflegen und bei kleiner Hitze das Ganze etwa 30 Minuten köcheln lassen, bis die Linsen weich sind.

Soja Creme und etwas frisch geriebene Muskatnuss dazugeben, umrühren und die Linsen-Bolognese weitere 5 Minuten köcheln lassen • Bolognese mit Salz und Pfeffer abschmecken.

Zucchini Nudeln

MIT LINSEN-BOLOGNESE

ZEIT	PORTIONEN	KALORIEN	EIWEISS	KOHLENHYDRATE	FETT
40 min	1	310 kcal	17 g	36 g	9 g

100 g Zucchini
1 Stängel Petersilie
Meersalz
+
1 Portion Linsen-Bolognese (s. S. 140)

Zuerst die Linsen-Bolognese zubereiten • Petersilie waschen, trocken schütteln und hacken • Zucchini waschen, trocknen und mit einem Spiralschneider Zucchini Nudeln herstellen • Ausreichend Wasser in einem Topf zum Kochen bringen und salzen • Zucchini Nudeln hineingeben und 1 - 2 Minuten kochen, je nachdem, wie weich die Zucchini Nudeln sein sollen, dann abgießen und mit Sauce zusammen servieren.

Tomatensalat

MIT MOZZARELLA UND WALNUSSKERNEN

ZEIT	PORTIONEN	KALORIEN	EIWEISS	KOHLENHYDRATE	FETT
5 min	1	715 kcal	20 g	11 g	63 g

- 1 große Fleischtomate
- ½ rote Zwiebel
- ½ TL Sumach
- 3 EL Olivenöl
- 1 EL Balsamico, Aceto Balsamico
- 1 EL Walnusskerne
- 1 Büffel-Mozzarella
- 2 Stängel Basilikum
- Meersalz
- Pfeffer

Walnusskerne hacken • Eine beschichtete Pfanne erhitzen und darin die Walnussstücke anrösten, dann herausnehmen und beiseite stellen.

Zwiebel pellen und in dünne Ringe schneiden • Olivenöl, Balsamico und Sumach in eine Schüssel geben, verrühren und darin die Zwiebelringe marinieren.

Tomate waschen und in dünne Scheiben schneiden • Tomatenscheiben und Zwiebelringe auf einem Teller anrichten und mit der Olivenöl-Gewürz-Mischung beträufeln.

Basilikum waschen, dann die Blättchen vom Stiel zupfen und über den Tomatensalat verteilen • Walnussstücke und Mozzarella dazugeben • Tomatensalat mit Salz und Pfeffer würzen.

Veganes Labneh

LIBANESISCHER JOGHURT-FRISCHKÄSE

ZEIT	PORTIONEN	KALORIEN	EIWEISS	KOHLENHYDRATE	FETT
10 min I 24 h	2	170 kcal	10 g	5 g	11 g

300 g Soja Joghurt, ungesüßt
1 EL Zitronensaft, frisch gepresst
1 EL Olivenöl
Meersalz

Sojajoghurt mit einer Prise Salz verrühren • Eine Schüssel bereit stellen und darauf ein großes Sieb legen • Das Sieb mit einem Mulltuch oder Geschirrtuch auslegen und den Sojajoghurt hineingeben • Die Enden des Tuches in die Schüssel stecken, damit sich die austretende Flüssigkeit nicht neben der Schüssel sammelt.

Das Ganze mindestens 24 Stunden im Kühlschrank abtropfen lassen • Am nächsten Tag den abgetropften Joghurt in ein Schälchen geben und mit Zitronensaft und Olivenöl cremig rühren • Labneh mit weiteren Zutaten nach Wahl kombinieren.

TIPP

Beim Labneh zum Frühstück kann man das Olivenöl gegen Leinöl tauschen.

Grüne Kopfsalat Gazpacho

MIT FRISCHEN KRÄUTERN UND MELONE

ZEIT	PORTIONEN	KALORIEN	EIWEISS	KOHLENHYDRATE	FETT
15 min	1	200 kcal	8 g	27 g	6 g

GAZPACHO-SUPPE

130 g Kopfsalat
100 g Gurke
50 g Babyspinat
½ Frühlingszwiebel
1 Knoblauchzehe
3 EL Balsamico, Bianco
Chilischote nach Belieben
1 EL Ahornsirup
½ Zitrone, frisch gepresst
1-2 Handvoll Eiswürfel
Meersalz
Pfeffer

SPIESS

40 g Galiamelone
2 Mini Mozzarella Kugeln
2 Stängel Basilikum

TOPPING

1 TL Crème fraîche
2 Stängel Koriander
1 TL Rucola Keimlinge

Salat und Spinat waschen und etwas zerkleinern • Gurke schälen und in Stücke schneiden, etwas Gurke in sehr kleine Würfel schneiden und für das Topping beiseite legen • Frühlingszwiebel putzen und in Stücke schneiden • Knoblauch schälen • Wer es gerne etwas schärfer mag, schneidet etwas Chilischote klein, am besten passt hier die grüne Chilischote.

Salat, Spinat, Gurke, Knoblauch, Frühlingszwiebel, Chilischote nach Belieben, Balsamico, Ahornsirup und etwas Salz und Pfeffer in den Standmixer geben • Etwa 7 - 8 Minuten mixen, bis eine feine, sämige Gazpacho entstanden ist • Gazpacho mit Zitronensaft, Salz und Pfeffer abschmecken.

Eiswürfel unter das Gazpacho rühren und bis zum Verzehr kalt stellen • Währenddessen mit einem Kugelausstecher aus der Melone drei Kugeln ausstechen • Melone, Mozzarella und Basilikumblättchen abwechselnd auf einen Holzspieß stecken.

Gazpacho noch einmal durchrühren, in eine Schale füllen und Crème fraîche, Gurkenwürfel, Korianderblätter, Rucola Keimlinge und zuletzt den Melonen-Mozzarella-Spieß dazugeben.

EI, OMELETT

&CO.

Salat mit Ei

UND KICHERERBSEN

ZEIT	PORTIONEN	KALORIEN	EIWEISS	KOHLENHYDRATE	FETT
15 min	1	342 kcal	18 g	25 g	16 g

1 Ei, Größe M
1 Prise Paprika Pulver, edelsüß

SALAT
20 g Rucola
20 g Batavia Salat
20 g Feldsalat
30 g Gurke
50 g Kichererbsen, aus der Dose
½ Möhre
6 Kalamata Oliven, aus dem Glas
2 EL Tomaten, getrocknet in Öl
10 g Parmesan
1 TL Sesam
3 Stängel Koriander
2 Stängel Dill
1 EL Rucola Keimlinge

DRESSING
1 EL Weißweinessig
1 TL Honig
1 TL Limettensaft, frisch gepresst
2 EL Apfelsaft
Meersalz
Pfeffer

Ei in ausreichend kochendem Wasser 6 - 8 Minuten, je nach gewünschter Konsistenz, kochen, dann die Schale abpellen und Ei halbieren.

Salatblätter waschen, abtropfen lassen und klein schneiden • Gurke in Stücke schneiden • Kichererbsen in ein Sieb geben, unter kaltem Wasser abspülen und abtropfen lassen.

Möhre schälen und mit dem Sparschäler in lange Streifen schneiden • Kräuter waschen, trocken schütteln und die Blätter abzupfen • Getrocknete Tomaten in Stücke schneiden • Die vorbereiteten Salatzutaten in eine Schüssel geben.

In einer kleinen Schüssel aus Essig, Honig, Limetten- und Apfelsaft ein Dressing anrühren • Dressing mit Salz und Pfeffer abschmecken und zum Salat geben • Parmesan reiben, zum Salat geben und alles durchmischen.

Salat in eine Schüssel geben und die Rucola Keimlinge darüber verteilen • Die Eihälften dazugeben, mit etwas Paprika Pulver bestreuen und zuletzt die Sesamkörner über den Salat streuen.

TIPP

Anstelle von Apfelsaft kann man auch Orangensaft verwenden.

Luftiges Omelett

MIT FRISCHEM SALAT

ZEIT	PORTIONEN	KALORIEN	EIWEISS	KOHLENHYDRATE	FETT
20 min	1	396 kcal	22 g	10 g	29 g

2 Eier, Größe M
1 EL Sahne
10 g Parmesan, gerieben
1 EL Olivenöl
1 Frühlingszwiebel
2 Cherrytomaten
2 Gurken Pickles (s. S. 259)
20 g Feldsalat
3 Radieschen
1 EL Sprossen rot
1 EL Rucola Keimlinge
2 Stängel Dill
2 Stängel Koriander
Meersalz
Pfeffer

Salat, Gemüse und Kräuter waschen und abtropfen lassen • Radieschen putzen und in dünne Scheiben schneiden • Tomaten in Scheiben schneiden • Frühlingszwiebel putzen und in dünne Ringe schneiden.

Olivenöl in der Pfanne erhitzen • Eier trennen • Eiweiße mit dem elektrischen Handrührgerät steif schlagen • In einer zweiten Schüssel Eigelbe mit Sahne mischen • Eischnee unterheben und mit etwas Salz und Pfeffer würzen.

Eimischung direkt in die heiße Pfanne geben und durch Schwenken gleichmäßig verteilen • Parmesan darauf verteilen • Omelett bei mittlerer Hitze braten, sobald es sich vom Pfannenboden löst, vorsichtig wenden.

Omelett auf einen Teller geben und mit Feldsalat, Frühlingszwiebel, Radieschen, Gurken Pickles, Tomaten, Sprossen, Keimlingen belegen • Dill- und Korianderblätter abzupfen und dazugeben • Omelett zusammenklappen und mit Gurken Pickles zusammen servieren.

Gemüsebowl

MIT EI UND SPROSSEN

ZEIT	PORTIONEN	KALORIEN	EIWEISS	KOHLENHYDRATE	FETT
15 min	1	645 kcal	21 g	35 g	45 g

SALAT

1 Ei, Größe M
30 g Quinoa
20 g Spinat
30 g Kopfsalat
30 g Paprika, gelb
30 g Paprika, orange
30 g Paprika, rot
20 g Gurke
40 g Avocado
1 Tomate
1 EL Rote Rettich Sprossen
40 g Mozzarella

DRESSING

2 EL Olivenöl
1 TL Balsamico, Aceto Balsamico
1 TL Ahornsirup
½ Limette, frisch gepresst
Meersalz
Pfeffer

Quinoa Körnchen in ein Sieb geben und abspülen, dann in einen Topf geben und mit Wasser bedeckt etwa 8 Minuten köcheln lassen, so dass die Körnchen noch Biss haben • Das restliche Wasser abgießen und die Körnchen im Topf ausdampfen lassen, mit Salz und Pfeffer würzen.

Ei in ausreichend kochendem Wasser 6 - 8 Minuten, je nach gewünschter Konsistenz, kochen, dann die Schale abpellen und vierteln.

Spinat- und Salatblätter waschen, abtropfen lassen und klein schneiden • Paprika von Kernen und Trennwänden befreien und in kleine Stücke schneiden • Tomate und Gurke klein schneiden • Avocado aus der Schale lösen und in Scheiben schneiden • Avocadoscheiben mit Limettensaft beträufeln • Sprossen in ein Sieb geben, abspülen und abtropfen lassen.

Für das Dressing Olivenöl, Balsamico, Ahornsirup und Limettensaft in einer kleinen Schüssel anrühren und mit Salz und Pfeffer abschmecken.

Salatblätter in eine Schüssel geben und darauf Paprika, Spinat, Quinoa und Avocado portionsweise anrichten • Gurke, Tomate und klein gezupften Mozzarella mischen und dazugeben • Das Dressing über den Salat träufeln • Zuletzt das gekochte Ei dazugeben und alles mit Salz und Pfeffer würzen.

Open Omelett

MIT TOMATEN UND MOZZARELLA

ZEIT	PORTIONEN	KALORIEN	EIWEISS	KOHLENHYDRATE	FETT
20 min	1	357 kcal	21 g	4 g	28 g

2 Eier, Größe M
1 Champignon
2 Cherryomaten
20 g Salatblätter
2 Stängel Basilikum
40 g Mozzarella
1 EL Olivenöl
Meersalz
Pfeffer

Eier in einer Schüssel verquirlen, mit Salz und Pfeffer würzen • Salatblätter waschen und klein zupfen • Champignon putzen und in Scheiben schneiden • Tomaten waschen und in Scheiben schneiden • Mozzarella klein zupfen.

Olivenöl in der Bratpfanne erhitzen und Champignonscheiben von beiden Seiten braten, dann herausnehmen, auf einen Teller legen und beiseite stellen.

Die verquirlten Eier in die heiße Pfanne geben und durch Schwenken gleichmäßig verteilen • Hitze reduzieren und das Omelett garen, bis es die gewünschte Konsistenz hat.

Basilikum waschen, trocken schütteln, die Blätter abzupfen und in Streifen schneiden • Omelett auf einen Teller geben und mit Salat, Tomaten, Champignon und Mozzarella belegen • Alles mit Salz und Pfeffer würzen und zuletzt die Basilikumblättchen dazugeben.

Gefaltete Eier

MIT AVOCADO UND PILZEN

ZEIT	PORTIONEN	KALORIEN	EIWEISS	KOHLENHYDRATE	FETT
15 min	1	511 kcal	20 g	8 g	43 g

- 2 Eier, Größe M
- 2 Champignons
- 2 Kräuterseitlinge
- 1 Tomate
- ½ Avocado
- 2 Stängel Petersilie
- 2 Stängel Dill
- 1 EL Alfalfasprossen
- 1 EL Olivenöl
- Meersalz
- Pfeffer

Sprossen in ein Sieb geben, abspülen und abtropfen lassen • Tomate und Kräuter waschen und abtropfen lassen • Tomate in Stücke schneiden • Kräuter hacken • Avocado aus der Schale lösen, in Scheiben schneiden und auf einen Teller geben • Sprossen dazugeben.

Pilze putzen und in Scheiben schneiden • In einer Pfanne 1 EL Olivenöl erhitzen und die Pilze braten, zwischendurch mehrmals durchrühren und mit Salz und Pfeffer würzen, dann herausnehmen und abgedeckt beiseite stellen, damit sie warm bleiben.

Eier in einer Schüssel mit der Gabel verquirlen • Die Hälfte der Kräuter und etwas Salz und Pfeffer dazugeben und verrühren • Die Hitze reduzieren und die Eimischung in die warme Pfanne geben • Sobald die Eimischung beginnt zu stocken, mit dem Pfannenwender zusammenschieben und falten.

Tomaten, gefaltete Eier und Pilze zur Avocado geben • Die restlichen Kräuter darüber geben und servieren.

Bunter Salat

MIT ERDNUSS-DRESSING

ZEIT	PORTIONEN	KALORIEN	EIWEISS	KOHLENHYDRATE	FETT
20 min	2	733 kcal	23 g	34 g	55 g

SALAT

100 g Salatblätter, gemischt (z.B. Lollo Biondo, Rucola, Baby Spinat, Mangold)
1 Avocado
50 g Paprika, rot
50 g Gurke
50 g Möhre
50 g Mango
50 g Quinoa
2 Radieschen
½ Frühlingszwiebel

DRESSING

½ Limette, frisch gepresst
2 EL Erdnussmus
1 EL Soja Sauce
Meersalz
Pfeffer

TOPPING

2 Eier, Größe M
Paprika Pulver, edelsüß
50 g Cashewkerne
2 TL Olivenöl
2 EL Rucola Keimlinge
2 EL Rote Rettichsprossen
4 Stängel Minze
4 Stängel Koriander

Quinoa Körnchen in ein Sieb geben und abspülen, dann in einen Topf geben und mit Wasser bedeckt etwa 8 Minuten köcheln lassen, so dass die Körnchen noch Biss haben • Das restliche Wasser abgießen und die Körnchen im Topf ausdampfen lassen, mit Salz und Pfeffer würzen.

In einem zweiten Topf ausreichend Wasser zum Kochen bringen und die Eier 6 - 8 Minuten kochen • Salatblätter waschen und gut abtropfen lassen • Sprossen in ein Sieb geben, abspülen und abtropfen lassen • Cashewkerne in einer Pfanne ohne Fett anrösten, dann herausnehmen und grob hacken.

Avocado halbieren, entkernen, aus der Schale lösen und in Stücke schneiden • Paprika in Stücke schneiden • Gurke, Möhre und Mango schälen und klein schneiden • Radieschen putzen und in Scheiben schneiden • Frühlingszwiebel putzen und in dünne Ringe schneiden • Kräuter waschen und gut abtropfen lassen.

Salatblätter klein schneiden und in eine große Schüssel geben • Paprika, Avocado, Gurke, Radieschen, Mango, Frühlingszwiebel und Quinoa dazugeben, den Salat mit Salz und Pfeffer würzen und durchrühren.

Salat in zwei Schüsseln füllen und jeweils mit 1 TL Olivenöl beträufeln • Sprossen, Rucola Keimlinge und Cashewkerne dazugeben • Eier pellen, halbieren und auf dem Salat anrichten, nach Belieben mit etwas Paprika Pulver bestreuen • Aus Limettensaft, Erdnussmus, Soja Sauce und 2 EL Wasser ein Dressing anrühren und zusammen mit dem Salat servieren.

FLEISCH

Hähnchen süß-sauer

MIT KONJAKREIS

ZEIT	PORTIONEN	KALORIEN	EIWEISS	KOHLENHYDRATE	FETT
30 min	2	361 kcal	35 g	15 g	16 g

240 g Hähnchenbrustfilet
1 TL Sesamöl

SAUCE

50 g Paprika, grün
50 g Paprika, gelb
50 g Paprika, rot
½ Knoblauchzehe
5 g Ingwer, frisch gerieben
50 ml Gemüse Fond (s. S. 268)
2 EL Soja Sauce
1 EL Japanische Teriyaki Woksauce
1 TL Tomatenmark
1 TL Honig
1 TL Maisstärke
1 TL Sesamöl

AUSSERDEM

120 g Konjakreis
30 g Cashewkerne
1 EL Sesam
2 Stängel Koriander
Meersalz

Konjakreis nach Packungsanleitung zubereiten • Paprika von Kernen und Trennwänden befreien und in Streifen schneiden • Knoblauchzehe schälen und hacken • Cashewkerne grob hacken.

Hähnchenfleisch waschen, trocken tupfen, in feine Streifen schneiden und salzen • 1 TL Sesamöl im Wok erhitzen und Hähnchenstreifen rundum anbraten, dann herausnehmen und beiseite stellen.

Paprika und Knoblauch mit 1 TL Sesamöl in den heißen Wok geben und anbraten, Ingwer und Tomatenmark dazugeben und alles mehrmals durchschwenken.

In einer kleinen Schüssel Fond mit Soja Sauce, Teriyaki Sauce und Honig mischen und zum Gemüse geben • Alles einmal aufkochen lassen • Fleisch dazugeben und alles durchrühren • Maisstärke mit 30 ml kaltem Wasser verrühren und damit die Sauce abbinden.

Reis mit Hähnchen, Paprika und Sauce auf den Tellern anrichten • Cashewkerne, Sesam und Koriander dazugeben.

Hamshuka

EIN KLASSIKER DER NEUEN ISRAELISCHEN KÜCHE

ZEIT	PORTIONEN	KALORIEN	EIWEISS	KOHLENHYDRATE	FETT
30 min	2	748 kcal	53 g	27 g	45 g

HUMMUS

- 265 g Kichererbsen, aus der Dose
- 1 Knoblauchzehe
- 1 EL Tahin
- ½ TL Kreuzkümmel, gemahlen
- ½ Zitrone
- 1 EL Olivenöl

HACKFLEISCHSAUCE

- 400 g Rinderhackfleisch
- 1 Zwiebel
- 1 Knoblauchzehe
- 1 EL Olivenöl
- 1 EL Tomatenmark
- 1 TL Paprika Pulver, edelsüß
- ½ TL Kreuzkümmel, gemahlen
- ½ TL Chiliflocken, nach Bedarf
- 100 ml Gemüse Fond (s. S. 268)

TOPPING

- 1 EL Joghurt o. pflanzliche Alternative (Soja, Hafer)
- 2 Stängel Koriander
- 1 Stängel Dill
- 1 Stängel Minze
- Meersalz
- Pfeffer

Kichererbsen in ein Sieb geben, mit Wasser abspülen und abtropfen lassen • Knoblauch schälen • Zitrone halbieren und auspressen • Kräuter waschen und abtropfen lassen.

Ein paar Kichererbsen für die Deko beiseite stellen • Die restlichen Kichererbsen, 1 Knoblauchzehe, Tahin, Kreuzkümmel, Salz, Zitronensaft und 1 - 2 EL Wasser in einen Mixbecher geben und mit dem Stabmixer pürieren, alternativ den Standmixer verwenden • Nach Bedarf etwas mehr Wasser oder Zitronensaft hinzugeben, je nach gewünschter Konsistenz • Dann 1 EL Olivenöl mit einem Löffel unterrühren.

Zwiebel schälen und fein würfeln • Knoblauchzehe fein würfeln • In einer beschichteten Pfanne 1 EL Olivenöl erhitzen und Zwiebel und Knoblauch anbraten • Dann aus der Pfanne nehmen und beiseite stellen.

Hackfleisch in die heiße Pfanne geben und anbraten, wenn die aus dem Fleisch ausgetretene Flüssigkeit verdunstet ist, das Hackfleisch salzen • Zwiebel, Knoblauch und Tomatenmark unterrühren • Hackfleisch mit Paprika Pulver, Kreuzkümmel, Salz, Pfeffer und Chiliflocken würzen und alles durchrühren • Hackfleisch mit Gemüsefond ablöschen, dann 5 - 7 Minuten bei kleiner Hitze köcheln lassen • Dill-, Minze- und Korianderblättchen vom Stiel zupfen.

Hummus auf einen großen Teller oder eine große Platte geben, dabei in der Mitte am besten eine kleine Mulde für das Hackfleisch lassen • Die warme Hackfleischmischung zum Hummus geben • 1 EL Joghurt hinzufügen und etwas Zitrone darüber träufeln • Zuletzt alles mit den restlichen Kichererbsen und Kräutern dekorieren.

Zitronen-Hähnchen

MIT SALSA VERDE

ZEIT	PORTIONEN	KALORIEN	EIWEISS	KOHLENHYDRATE	FETT
60 min	2	969 kcal	59 g	20 g	70 g

HÄHNCHEN

- 2 Hähnchenschenkel
- 1 EL Olivenöl
- 1 EL Brathähnchen Gewürzmischung
- 1 Zitrone

BOHNEN

- 240 g große weiße Bohnen, aus der Dose
- 2 Schalotten
- 2 Knoblauchzehen
- 20 g Parmesan, gerieben
- 2 EL Weißweinessig
- 1 EL Butter
- 1 EL Olivenöl
- Meersalz
- Pfeffer

Hähnchenschenkel waschen, trocken tupfen und mit dem Messer halbieren • Hähnchenstücke mit Olivenöl und Brathähnchen Gewürz einreiben • Zitrone heiß waschen, abtrocknen und in Scheiben schneiden • Zitronenscheiben unter die Haut schieben • Hähnchenstücke in eine ofenfeste Form legen und im vorgeheizten Backofen bei 160°C Umluft etwa 45 Minuten garen.

Währenddessen Schalotten und Knoblauch schälen und grob würfeln • In einer Pfanne 1 EL Olivenöl erhitzen und Schalotten und Knoblauch für 10 Minuten bei kleiner Hitze garen • Mit Weißweinessig ablöschen und weitere 5 Minuten köcheln lassen.

Bohnen und etwa die Hälfte von der Flüssigkeit aus der Dose in die Pfanne geben • Parmesan und Butter dazugeben, alles mit Salz und Pfeffer würzen und das Ganze bei kleiner Hitze etwa 10 Minuten köcheln lassen • Zitronenhähnchen mit Bohnen zusammen anrichten und servieren.

TIPP

Mit Salsa Verde (s. S. 256) servieren.

Salat mit Hähnchen

IM ASIA STYLE

ZEIT	PORTIONEN	KALORIEN	EIWEISS	KOHLENHYDRATE	FETT
40 min	1	485 kcal	52 g	10 g	25 g

FLEISCH

1 Hähnchenbrustfilet
½ Knoblauchzehe
½ Chilischote
2 EL Sesamöl

SALAT

30 g Spitzkohl
30 g Gurke
30 g Möhre
30 g Radicchio
30 g Romanasalat
30 g Paprika, rot
¼ Frühlingszwiebel
3 Stängel Koriander
1 TL Sesam

DRESSING

1 TL Limettensaft, frisch gepresst
1 TL Soja Sauce
1 TL Shoyu Sauce
1 TL Teriyaki Sauce
1 TL Reisessig
Meersalz
Pfeffer

Knoblauch schälen und grob hacken • Chilischote in Scheiben schneiden • Beides mit 2 EL Sesamöl in einen Mixbecher geben und mit dem Stabmixer pürieren • Hähnchenbrustfilet waschen, trocken tupfen und mit der Knoblauch-Chili-Marinade einreiben • Fleisch in ein Schälchen legen und 30 Minuten kalt stellen.

Währenddessen Salatblätter, Gemüse und Kräuter waschen und abtropfen lassen • Salatblätter in Stücke schneiden • Gurke in Stücke schneiden • Möhre schälen und in Streifen schneiden.

Spitzkohl in feine Streifen schneiden • Paprika von Kernen und Trennwänden befreien und in Streifen schneiden • Frühlingszwiebel in feine Ringe schneiden • Alle vorbereiteten Zutaten in eine Salatschüssel geben.

Für das Dressing Soja Sauce, Shoyu Sauce, Teriyaki Sauce, Reisessig, Limettensaft, etwas Salz und Pfeffer in einer kleinen Schüssel mischen • Das Dressing zum Salat geben und durchmischen.

Bratpfanne erhitzen und die Sesamkörner ohne Fett anrösten, dann aus der Pfanne nehmen und beiseite stellen • Das Fleisch in die heiße Pfanne legen und von jeder Seite 5 - 6 Minuten braten • Salat in eine Schale füllen und Korianderblätter und Sesam dazugeben • Hähnchenbrustfilet in Streifen schneiden und zum Salat geben.

Süßkartoffel-Burger
MIT AIOLI

ZEIT	PORTIONEN	KALORIEN	EIWEISS	KOHLENHYDRATE	FETT
25 min	2	623 kcal	28 g	27 g	43 g

SÜSSKARTOFFEL "BUNS"

1 Süßkartoffel
1 TL Paprika Pulver, rosenscharf
2 EL Olivenöl

PATTIES

200 g Rinderhackfleisch
1 Schalotte
½ Knoblauchzehe
1 TL Senf
1 EL Olivenöl

BELAG

4 Salatblätter
1 Gewürzgurke
½ Tomate
½ rote Zwiebel
30 g Cheddar Käse
4 TL Ketchup (s. S. 260)
4 TL Aioli (s. S. 261)
1 TL Sesam
Meersalz
Pfeffer

Süßkartoffel schälen und in 8 Scheiben mit etwa 1 cm Dicke schneiden • In einer Schüssel aus 2 EL Olivenöl, Paprika Pulver und etwas Salz eine Marinade herstellen und darin die Süßkartoffelscheiben marinieren • Scheiben auf ein mit Backpapier ausgelegtes Backblech legen und im vorgeheizten Backofen bei 180°C Umluft etwa 20 Minuten backen, bis sie weich, aber nicht zu weich sind.

Salatblätter waschen und abtropfen lassen • Gewürzgurke in Scheiben schneiden • Tomate in Scheiben schneiden • Zwiebel schälen und in Scheiben schneiden.

Schalotte und Knoblauch schälen und fein hacken • Hackfleisch mit Schalotte, Knoblauch, Senf, etwas Salz und Pfeffer verkneten • Aus der Hackmischung vier kleine Burgerpatties formen • In einer Pfanne 1 EL Olivenöl erhitzen und die Burgerpatties 1 - 2 Minuten braten • Burgerpatties wenden, jeweils eine kleine Scheibe Käse darauflegen und weitere 1 - 2 Minuten braten • Zwei Teller bereitstellen.

Süßkartoffelscheiben aus dem Ofen nehmen und zwei Scheiben auf jeden Teller legen • Mit Ketchup bestreichen und Zwiebel und Salat darauflegen • Burgerpatties mit weichem Käse sowie Gewürzgurke, Tomate und Aioli dazugeben und jeweils mit einer Süßkartoffelscheibe abschließen • Burger mit Holzstäbchen fixieren und mit Sesam bestreuen.

Harissa-Hähnchen

MIT KICHERERBSEN

ZEIT	PORTIONEN	KALORIEN	EIWEISS	KOHLENHYDRATE	FETT
40 min	2	855 kcal	57 g	23 g	58 g

- 2 Hähnchenschenkel
- 240 g Kichererbsen, aus der Dose
- 2 Knoblauchzehen
- 1 rote Zwiebel
- 200 ml Gemüse Fond (s. S. 268)
- 2 EL Tomatenmark
- 1 EL Olivenöl
- 1 TL Harissa Paste
- 1 Stängel Rosmarin
- Meersalz
- Pfeffer

Zwiebel schälen und in große Spalten schneiden • Knoblauch schälen und hacken • Kichererbsen in ein Sieb geben, unter fließendem Wasser abspülen und abtropfen lassen • Rosmarin waschen und abtropfen lassen.

Hähnchenschenkel waschen, trocken tupfen, mit einem Messer einmal in der Mitte teilen und mit Salz und Pfeffer würzen • Olivenöl in einer großen Pfanne erhitzen und Hähnchenstücke etwa 5 Minuten von jeder Seite anbraten • Fleisch herausnehmen und beiseite stellen.

Zwiebel und Knoblauch in die heiße Pfanne geben und anschwitzen • Hitze reduzieren und das Tomatenmark dazugeben und mitbraten • Kichererbsen und Harissa dazugeben und alles durchrühren • Mit Fond ablöschen und aufkochen lassen.

Hähnchenstücke zurück in die Pfanne geben, Rosmarin dazugeben und das Ganze etwa 20 - 25 Minuten im vorgeheizten Backofen bei 175°C garen • Die letzten Minuten auf die Grillfunktion wechseln, so wird das Fleisch oben schön knusprig.

Grünes Hähnchen Curry

MIT KOKOSMILCH UND PAK CHOI

ZEIT	PORTIONEN	KALORIEN	EIWEISS	KOHLENHYDRATE	FETT
30 min	2	421 kcal	31 g	13 g	26 g

- 1 Hähnchenbrustfilet
- 12 Kaiserschoten
- 3 kleine Frühlingszwiebeln
- 1 Pak Choi
- 1 Kräuterseitling
- 1 Limette
- 200 ml Kokosmilch
- 2 TL grüne Curry-Paste
- 1 El Fisch Sauce
- 1 TL Reisessig
- 200 ml Gemüse Fond (s. S. 268)
- 2 EL Erbsensprossen
- ½ TL Ingwer, frisch gerieben
- 4 Stängel Koriander
- Meersalz
- Pfeffer

Kaiserschoten waschen und putzen • Frühlingszwiebeln putzen und in große Stücke schneiden • Pak Choi von welken Blättern befreien und die Blätter einzeln waschen • Koriander waschen, trocken schütteln und die Blätter abzupfen • Sprossen in ein Sieb geben, abspülen und abtropfen lassen.

Fleisch waschen und trocken tupfen, dann klein schneiden • Kräuterseitling in Scheiben schneiden • Limette halbieren und auspressen.

Die feste Kokosmilch in einer Pfanne erhitzen und ein paar Minuten köcheln lassen • Curry-Paste einrühren und etwa 3 Minuten bei mittlerer Hitze köcheln lassen, dabei ständig rühren.

Fond und restliche Kokosmilch dazugeben und aufkochen lassen • Fisch-Sauce, Reisessig und etwas Limettensaft dazugeben und etwa 10 Minuten köcheln lassen • Hähnchenstücke, Kaiserschoten, Pak Choi, Kräuterseitling, Ingwer und Frühlingszwiebeln dazugeben und etwa 5 Minuten bei mittlerer Hitze gar ziehen lassen • Kurz vor Ende Garzeit die Erbsensprossen dazugeben.

Grünes Hähnchen-Curry mit Salz und Pfeffer abschmecken, in Schalen füllen und mit Koriander servieren.

Steak mit Spitzkohl

UND FAVA-PÜREE

ZEIT	PORTIONEN	KALORIEN	EIWEISS	KOHLENHYDRATE	FETT
100 min	1	700 kcal	47 g	28 g	42 g

1 Rindersteak
75 g Spitzkohl
½ TL Kreuzkümmel, gemahlen
2 EL Olivenöl
1 TL Butter
4 Stängel Thymian
2 Stängel Rosmarin
Meersalz
Pfeffer
+
1 Portion Fava-Püree (s. S. 264)

Zuerst das Fava-Püree zubereiten.

Spitzkohl in Streifen schneiden • In einer Pfanne 1 EL Olivenöl erhitzen und Spitzkohl braten dabei mehrmals durchrühren • Kohl mit Kreuzkümmel und etwas Salz würzen, dann aus der Pfanne nehmen und abgedeckt beiseite stellen, damit er warm bleibt.

Rindersteak waschen und trocken tupfen • Fleisch vor dem Braten salzen, mit Kräutern und 1 EL Olivenöl in die warme Pfanne geben und von beiden Seiten 2 - 3 Minuten braten • Butter dazugeben und das Fleisch 1 weitere Minute unter Wenden braten • Fleisch mit Salz und Pfeffer würzen.

Fava-Püree auf einem Teller anrichten • Steak in der Mitte durchschneiden und zusammen mit dem Spitzkohl zum Püree geben • Nach Belieben etwas Bratenfett aus der Pfanne dazugeben.

Saltimbocca

MIT SCHINKEN UND SALBEI

ZEIT	PORTIONEN	KALORIEN	EIWEISS	KOHLENHYDRATE	FETT
30 min	2	544 kcal	61 g	16 g	24 g

- 400 g Hähnchenbrustfilet
- 300 g Aubergine
- 1 Spitzpaprika, rot
- 200 g Tomaten Fruchtfleisch, aus der Dose
- 200 g Filetti Pomodori Tomatenviertel, aus der Dose
- 100 ml Gemüse Fond (s. S. 268)
- 4 Scheiben luftgetrockneter Schinken (Parma oder Serrano)
- ½ rote Zwiebel
- 1 Knoblauchzehe
- 4 EL Olivenöl
- 2 EL Balsamico, Aceto Balsamico
- 4 Salbeiblätter
- 2 Stängel Oregano
- Meersalz
- Pfeffer

Gemüse waschen und abtropfen lassen • Aubergine in Würfel schneiden • Paprika halbieren, von Kernen und Trennwänden befreien und in Stücke schneiden • Zwiebel und Knoblauch schälen und fein würfeln.

Hähnchenfleisch waschen und trocken tupfen, dann in dicke Streifen schneiden • Fleisch mit Salz und Pfeffer würzen • In einer Pfanne 1 EL Olivenöl erhitzen und die Hähnchenstreifen kurz rundum anbraten, dann herausnehmen und beiseite stellen.

In die heiße Pfanne 3 EL Olivenöl geben und Aubergine mit Paprika, Zwiebel und Knoblauch anbraten • Tomatenfilets und Tomaten Fruchtfleisch dazugeben und aufkochen lassen • Fond dazugeben und alles durchrühren • Gemüse bei kleiner Hitze etwa 5 Minuten köcheln lassen, dann mit Salz, Pfeffer und Aceto Balsamico würzen.

Hähnchenstreifen mit Schinken umwickeln und zusammen mit den Salbeiblättern auf das Gemüse legen • Das Ganze im vorgeheizten Backofen bei 160°C Umluft etwa 15 Minuten garen.

TIPP

Dazu passt ein kleiner Salat gut.

Hähnchenbrust

MIT PILZEN UND SELLERIEPÜREE

ZEIT	PORTIONEN	KALORIEN	EIWEISS	KOHLENHYDRATE	FETT
25 min	1	736 kcal	45 g	8 g	58 g

150 g Hähnchenbrustfilet
80 g Champignons
50 g Kräuterseitlinge
150 ml Sahne o. pflanzliche Alternative (Soja, Hafer)
1 Schalotte
1 EL Olivenöl
1 EL Rucola Keimlinge
Meersalz
Pfeffer
\+
Selleriepüree (s. S. 262)

Mit der Zubereitung des Selleriepürees beginnen • Während die Selleriewürfel kochen, die weiteren Zutaten vorbereiten.

Hähnchenbrust waschen, trocken tupfen und in dünne Streifen schneiden • Pilze putzen und in Scheiben schneiden • Schalotte schälen und fein würfeln.

In der Pfanne das Olivenöl erhitzen und Hähnchenbruststreifen anbraten • Dann die Pilze dazugeben und mitbraten • Schalotte dazugeben und alles mit Salz und Pfeffer würzen • Sahne dazugeben und kurz aufkochen lassen.

Selleriepüree auf einem Teller anrichten • Hähnchenbruststreifen mit Pilzen und Rahmsauce dazugeben • Zuletzt Rucola Keimlinge über das Gericht geben.

Low Carb Pizzarolle

MIT HÄHNCHEN UND PILZEN

ZEIT	PORTIONEN	KALORIEN	EIWEISS	KOHLENHYDRATE	FETT
45 min	2	601 kcal	46 g	6 g	43 g

190 g Quark
190 g Gouda, gerieben
75 g Mozzarella, gerieben
4 Eier, Größe M
80 g Tomaten Fruchtfleisch, aus der Dose
4 Scheiben Bio Hähnchenbrustfilet
2 Champignons
2 TL Oregano, gerebelt
1 EL Olivenöl
4 Stängel Basilikum
Meersalz
Pfeffer

In einer Schüssel Eier, Quark, Gouda und ½ TL Salz verrühren • Die Mischung auf ein mit Backpapier ausgelegtes Backblech geben, gleichmäßig verteilen und im vorgeheizten Backofen bei 180°C Ober-/Unterhitze etwa 15 Minuten backen.

Für den Belag in einer Schüssel das Tomaten Fruchtfleisch mit Olivenöl, 1 TL Oregano, etwas Salz und Pfeffer mischen • Champignons putzen und in Scheiben schneiden • Basilikum waschen, trocken schütteln, die Blätter abzupfen und in Streifen schneiden • Hähnchenbrustscheiben in Stücke schneiden.

Das Blech mit dem vorgebackenen Boden aus dem Ofen nehmen und diesen mit Tomatensauce bestreichen • Mozzarella, Champignons und Hähnchenstreifen darauf verteilen • Pizza zurück in den Ofen schieben und weitere 15 - 20 Minuten backen.

Pizza aus dem Ofen nehmen und kurz ein wenig abkühlen lassen, so dass man sich nicht die Finger verbrennt • Pizza zu einer langen Rolle aufrollen, diese dann in Scheiben schneiden und mit Basilikum und dem restlichen Oregano bestreuen.

Kafta

ORIENTALISCHE FLEISCHSPIESSE

ZEIT	PORTIONEN	KALORIEN	EIWEISS	KOHLENHYDRATE	FETT
30 min	2	808 kcal	43 g	35 g	51 g

SPIESSE

250 g Rinderhackfleisch
½ Zwiebel
1 Prise Zimt
4 Stängel Petersilie
1 EL Olivenöl

HUMMUS

250 g Kichererbsen, aus der Dose
1 Knoblauchzehe
2 TL Tahin
½ Zitrone
2 EL Olivenöl
½ TL Paprika Pulver, edelsüß

SALAT

2 Tomaten
2 Radieschen
50 g Blumenkohl
2 EL Granatapfelkerne
½ Frühlingszwiebel
2 EL Pinienkerne
1 EL Olivenöl
1 EL Sesam
4 Stängel Petersilie
Chilischote nach Belieben
Meersalz
Pfeffer

\+

2 Portionen Auberginen-Dip (s. S. 266)

Kichererbsen abspülen und abtropfen lassen • Knoblauch schälen und mit Kichererbsen, Tahin und etwas Wasser in einen Mixbecher geben und mit dem Pürierstab pürieren • Zitrone auspressen und mit einem Löffel etwas frisch gepressten Zitronensaft und 2 EL Olivenöl unterrühren • Hummus mit Salz und Pfeffer abschmecken.

Gemüse und Kräuter waschen und abtropfen lassen • Petersilie hacken • Frühlingszwiebel putzen und in feine Ringe schneiden • Tomaten in kleine Stücke schneiden • Blumonkohl klein hacken oder mit der Reibe klein reiben • Radieschen putzen und in kleine Stücke schneiden.

Tomaten, Frühlingszwiebel, Blumenkohl, Radieschen, Granatapfelkerne und die Hälfte der gehackten Petersilie in eine Schüssel geben • 1 EL Olivenöl dazugeben und Salat mit Salz und Pfeffer würzen • In einer Pfanne ohne Fett die Pinienkerne anrösten.

Zwiebel schälen und fein würfeln • In einer Schüssel Hackfleisch, Zwiebel, die Hälfte der Petersilie, eine Prise Zimt, etwas Salz und Pfeffer mischen und zu einer Masse verkneten • Hackfleischmischung in vier Portionen teilen und auf die Spieße stecken.

In einer Pfanne 1 EL Olivenöl erhitzen und die Spieße rundum bei mittlerer Hitze braten, so dass das Fleisch gleichmäßig von allen Seiten gar wird • Salat, Hummus und Auberginen-Dip auf den Tellern anrichten • Hummus mit etwas Paprika Pulver bestreuen • Pinienkerne, Sesam, die restlichen Kräuter und nach Belieben ein paar Chilischotenringe dazugeben • Zuletzt die warmen Spieße dazugeben.

Low Carb Tacos

MIT KNACKIGEM GEMÜSE

ZEIT	PORTIONEN	KALORIEN	EIWEISS	KOHLENHYDRATE	FETT
20 min	4 Tacos	315 kcal	13 g	5 g	25 g

TEIG

100 g Mandeln, gemahlen
20 g Kokosmehl
10 g Flohsamenschalen-pulver
½ TL Backpulver
1 EL Olivenöl
120 ml warmes Wasser
2 EL Rapsöl

BELAG

8 Scheiben Bio Hähnchenbrustfilet
40 g Gurke
4 Radieschen
40 g Paprika, orange
4 TL Rucola Keimlinge
40 g Avocado
4 EL Joghurt o. pflanzliche Alternative (Soja, Hafer)
Meersalz
Pfeffer

Mandeln, Kokosmehl, Flohsamenschalenpulver, Backpulver und ½ TL Salz in einer Schüssel mischen • Wasser und Olivenöl hinzufügen und mit einer Gabel alles vermischen • Mit den Händen kneten, bis ein weicher, glatter Teig entstanden ist • Wenn der Teig zu trocken ist, etwas mehr Wasser hinzufügen, sollte er klebrig sein, etwas Kokosmehl hinzufügen.

Teig in vier gleich große Teile teilen und mit den Händen zu Kugeln formen • Eine Teigkugel zwischen zwei Bögen Backpapier legen und mit einem Brett flachdrücken, dann mit dem Nudelholz weiter ausrollen, nicht zu dünn, damit der Teig nicht reißt • Das obere Backpapier vorsichtig abziehen.

Eine beschichtete Pfanne mit Rapsöl einpinseln und erhitzen • Eine Hand unter das Backpapier schieben und so den ausgerollten Teig anheben • Tortilla in die Pfanne stürzen und das Backpapier vorsichtig abziehen, sobald der Tortilla in der Pfanne liegt.

Tortilla bei mittlerer Hitze 2 - 3 Minuten braten, dann wenden und weitere 1 - 2 Minuten braten • Tortilla herausnehmen, auf einen Teller legen und abdecken • Den Vorgang mit den anderen Teigkugeln wiederholen.

Gurke, Radieschen und Avocado in Scheiben schneiden • Paprika in Streifen schneiden • Tortillas mit je 1 EL Joghurt bestreichen und mit Salz und Pfeffer würzen • Mit Hähnchenbrustscheiben, Gurke, Radieschen, Avocado, und Rucola Keimlingen belegen und jeweils zusammenklappen.

Gefüllte Paprika

MIT BLUMENKOHLREIS

ZEIT	PORTIONEN	KALORIEN	EIWEISS	KOHLENHYDRATE	FETT
50 min	2	606 kcal	39 g	37 g	33 g

2 Paprika, rot
250 g Rinderhackfleisch
1 große Tomate
2 Schalotten
6 Stängel Petersilie
40 g Rote Linsen
400 ml Passierte Tomaten
300 ml Gemüse Fond (s. S. 268)
3 TL Tomatenmark
1 Knoblauchzehe
1 Lorbeerblatt
½ TL Zimt
Meersalz
Pfeffer
\+
2 Portionen Blumenkohl-Butter-Reis (s. S. 257)

Paprikas oben am Strunk wie einen Deckel aufschneiden und die Kerne und Trennwände vorsichtig herauslösen • Paprikas waschen, auch die abgeschnittenen Deckel mit Stielansatz, die werden nachher noch benötigt.

Tomate waschen und in kleine Stücke schneiden • Schalotten schälen und fein würfeln • Knoblauch schälen und hacken • Petersilie waschen, trocken schütteln und hacken.

In einer Schüssel rote Linsen mit Hackfleisch, Tomate, Schalotten, Zimt, der Hälfte der Petersilie, etwas Salz und Pfeffer mischen und mit den Händen zu einem Teig verkneten • Den Teig in die beiden Paprikaschoten füllen und Deckel obendrauf setzen.

In einem großen Topf passierte Tomaten mit Tomatenmark und 300 ml Fond verrühren und erhitzen • Lorbeerblatt, eine Prise Zimt, etwas Salz und Pfeffer dazugeben und die Sauce aufkochen lassen • Knoblauch zur Tomatensauce geben und durchrühren • Gefüllte Paprikaschoten dazugeben und zugedeckt bei mittlerer Hitze 35 - 40 Minuten köcheln lassen.

Währenddessen den Blumenkohlreis zubereiten.

Blumenkohlreis auf die Teller geben • Jeweils eine Paprikaschote mit Deckel auf die Teller geben und alles mit der restlichen Petersilie bestreuen • Tomatensauce dazugeben und servieren.

TIPP

Für eine besondere Note kann etwas frische oder getrocknete Minze zur Sauce gegeben werden.

Wokgemüse mit Putenbrust

UND ERDNÜSSEN

ZEIT	PORTIONEN	KALORIEN	EIWEISS	KOHLENHYDRATE	FETT
20 min	1	456 kcal	58 g	21 g	15 g

200 g Putenbrust
1 Frühlingszwiebel
1 Möhre
¼ Paprika, rot
20 g Erbsensprossen
100 ml Gemüse Fond (s. S. 268)
2 EL Soja Sauce
2 EL Teriyaki Sauce
1 EL Erdnüsse
4 Stängel Koriander
1 TL Sesamöl
Meersalz
Pfeffer

Putenbrust waschen und trocken tupfen, dann in kleine Stücke schneiden • In einer Schüssel 1 EL Teriyaki Sauce und 1 EL Soja Sauce mischen und das Fleisch darin für 10 Minuten ruhen lassen.

Währenddessen in einer Pfanne ohne Fett die Erdnüsse anrösten, dann beiseite stellen • Sprossen in ein Sieb geben, unter fließendem Wasser abspülen und abtropfen lassen • Koriander waschen und trocken schütteln, dann die Blätter abzupfen.

Frühlingszwiebel putzen und halbieren • Paprika von Kernen und Trennwänden befreien und in feine Streifen schneiden • Möhre schälen und in sehr feine Stifte schneiden.

Wokpfanne erhitzen und das Putenfleisch etwa 3 Minuten braten, zwischendurch mehrmals durchschwenken • Fleisch herausnehmen und beiseite stellen.

Möhre, Paprika und Erbsensprossen mit 1 TL Sesamöl in den Wok geben und alles ein paar Minuten braten • Fond mit 1 EL Soja Sauce und 1 EL Teriyaki Sauce mischen und zum Gemüse geben • Zuletzt das Fleisch wieder dazugeben, alles mit Salz und Pfeffer würzen und durchmischen.

Wokgemüse mit Putenbrust in eine Schale füllen und mit Erdnüssen und Koriander servieren.

TIPP

Für eine vegetarische Variante Tofu verwenden.

Ofen-Hähnchen

MIT HARISSA UND GEMÜSE

ZEIT	PORTIONEN	KALORIEN	EIWEISS	KOHLENHYDRATE	FETT
60 min	4	683 kcal	65 g	24 g	35 g

1 ganzes Hähnchen
1 Süßkartoffel
400 bunte Möhren
4 Schalotten
150 g Rosenkohl
100 g Knollensellerie
100 g Lauch
500 ml Gemüse Fond (. S. 268)
2 Kräuterseitlinge
4 Stängel Rosmarin
1 EL Brathähnchen Gewürzmischung
1 TL Harissa Paste
2 EL Olivenöl
Meersalz

Süßkartoffel und Möhren schälen und in Scheiben schneiden • Rosenkohl putzen und die äußeren Blätter entfernen • Schalotten schälen • Rosmarin waschen • Knollensellerie schälen und in Stücke schneiden • Lauch putzen und in Streifen schneiden • Pilze putzen und vierteln • Das vorbereitete Gemüse zusammen mit dem Fond und Rosmarin in eine große ofenfeste Form geben.

Hähnchen waschen und trocken tupfen, dann am Rückgrat mit der Geflügelschere vorsichtig aufschneiden • Hähnchen flach ausbreiten • In einer kleinen Schüssel Olivenöl mit Brathähnchen Gewürz, Harissa Paste und etwas Salz mischen und das Hähnchen damit einreiben.

Hähnchen flach ausgebreitet mit der Haut nach oben auf das Gemüse legen und 50 Minuten im vorgeheizten Backofen bei 180°C braten, bis es knusprig und durchgebraten ist.

Gyros

MIT KOHLRABI POMMES

ZEIT	PORTIONEN	KALORIEN	EIWEISS	KOHLENHYDRATE	FETT
30 min	1	749 kcal	68 g	25 g	39 g

200 g Rinderfilet
½ rote Zwiebel
1 TL Gyros Gewürz
2 Stängel Thymian
1 Stängel Rosmarin
2 EL Olivenöl
2 Tomaten
1 EL Rucola Keimlinge
Meersalz
Pfeffer
\+
Kohlrabi Pommes (s. S. 138)

Zuerst die Kohlrabi Pommes zubereiten • Während die Pommes im Ofen sind, das Rindfleisch waschen und trocken tupfen, dann in feine Streifen schneiden • Kräuter waschen und abtropfen lassen.

Rindfleischstreifen in eine Schüssel geben, Gyros Gewürz und Olivenöl dazugeben und alles durchmischen • Kräuter dazugeben und das Ganze abgedeckt 15 Minuten ziehen lassen.

Zwiebel schälen, halbieren und in Ringe schneiden • Tomaten waschen und in Stücke schneiden • In einer heißen Pfanne das Rindfleisch anbraten • Dann die Zwiebelringe dazugeben und mitbraten.

Gyros, Kohlrabi Pommes und Tomaten auf einem Teller anrichten • Alles mit Salz und Pfeffer würzen und die Rucola Keimlinge dazugeben.

TIPP

Mit Ketchup und Aioli genießen.

Königsberger Klopse

MIT PASTINAKENPÜREE

ZEIT	PORTIONEN	KALORIEN	EIWEISS	KOHLENHYDRATE	FETT
15 min	4 P. / 8 Klopse	702 kcal	27 g	29 g	53 g

1 rote Bete
1 EL Rotweinessig
8 Stängel Petersilie
5 EL Butter
2 EL Olivenöl
6 EL Kapern, aus dem Glas
Meersalz
Pfeffer

KLOPSE

400 g Kalbshackfleisch
1 Sardellenfilet
1 Ei, Größe M
1 Zwiebel
1 EL Joghurt, nach griechischer Art
1 TL Senf

SAUCE

1 Zwiebel
1 Lorbeerblatt
1 Gewürznelke
1 L Gemüse Fond (s. S. 268)
100 ml Sahne
2 EL Dinkelmehl
2 EL Weißweinessig
½ Zitrone, frisch gepresst

\+

Pastinakenpüree (s. S. 263)

Rote Bete in einem Topf mit Wasser bedeckt 30 - 40 Minuten kochen, bis sie weich ist • Rote Bete dann schälen, am besten mit Einmalhandschuhen arbeiten, in Scheiben schneiden und in Rotweinessig und etwas Salz ziehen lassen.

Zwiebeln schälen • Eine Zwiebel mit Lorbeerblatt und Nelke spicken und zusammen mit dem Fond, Weißweinessig und etwas Salz in einem großen Topf erhitzen • Zweite Zwiebel fein würfeln • In einer Pfanne 2 EL Butter erhitzen und Zwiebelwürfel anschwitzen, herausnehmen und abkühlen lassen.

Sardellenfilet und 2 EL Kapern fein hacken und zusammen mit Hackfleisch, Joghurt, Ei und Senf in die Schüssel geben • Petersilie hacken • Etwas mehr als die Hälfte der Petersilie und die Zwiebeln zum Hackfleisch geben • Mit Salz und Pfeffer würzen und alles zu einem geschmeidigen Teig verkneten • Aus der Hackmasse mit feuchten Händen 8 Klopse formen und im heißen Fond bei mittlerer Hitze etwa 10 Minuten gar ziehen lassen • Anschließend den Topf samt Klopsen von der Hitze nehmen und beiseitestellen.

Für die Sauce 400 ml Brühe aus dem Topf abschöpfen und abkühlen lassen • In einem zweiten Topf 3 EL Butter schmelzen und das Mehl darin anschwitzen • Abgemessene Brühe unter ständigem Rühren nach und nach dazugeben und aufkochen lassen • Hitze reduzieren und Sauce etwa 10 Minuten köcheln lassen, zwischendurch mehrmals durchrühren • Sahne und 2 EL Kapern dazugeben, Sauce nochmal aufkochen lassen und mit Salz, Pfeffer und Zitronensaft abschmecken.

Pastinakenpüree zubereiten • Olivenöl in einer kleinen Pfanne erhitzen und darin 2 EL Kapern frittieren • Klopse im Topf mit dem restlichen Fond noch einmal erhitzen • Pastinakenpüree und Klopse auf die Teller geben • Rote Bete und Sauce dazugeben und mit den frittierten Kapern und der restlichen Petersilie bestreuen.

Linsensalat mit Hähnchen

UND HUMMUS

ZEIT	PORTIONEN	KALORIEN	EIWEISS	KOHLENHYDRATE	FETT
30 min	2	481 kcal	37 g	32 g	20 g

1 Hähnchenbrustfilet mit Haut
1 EL Olivenöl
Chilischote nach Belieben

SALAT

80 g rote Linsen
70 g Tomate
40 g Gurke
4 Kalamata Oliven, aus dem Glas
2 Stängel Petersilie
2 Stängel Minze
1 EL Olivenöl

HUMMUS

100 g Kichererbsen, aus der Dose
1 TL Tahin
½ Knoblauchzehe
½ Zitrone, frisch gepresst
¼ TL Kreuzkümmel, gemahlen
1 EL Olivenöl
Meersalz
Pfeffer

Linsen waschen, in einen Topf geben und mit ausreichend Wasser zum Kochen bringen • Dann die Temperatur runterstellen und Linsen bei kleiner Hitze 5 - 7 Minuten köcheln lassen, bis sie bissfest sind • Restliches Wasser abgießen und Linsen mit Salz und Pfeffer würzen.

Gemüse und Kräuter waschen und abtropfen lassen • Gurke, Tomate und Oliven in kleine Stücke schneiden • Kräuter fein hacken • Gemüse, Linsen und 1 EL Olivenöl in eine Schüssel geben • Mit Salz und Pfeffer würzen, Kräuter dazugeben und alles durchmischen.

Kichererbsen in ein Sieb geben, mit Wasser abspülen und abtropfen lassen • Knoblauch schälen und halbieren • Kichererbsen, Knoblauch, Tahin, Kreuzkümmel, etwas Salz, etwas Zitronensaft und 1 EL Wasser in einen Mixbecher geben und mit dem Stabmixer pürieren • Nach Bedarf etwas mehr Wasser oder Zitronensaft hinzugeben, je nach gewünschter Konsistenz • Dann 1 EL Olivenöl mit einem Löffel unterrühren.

Hähnchenbrust waschen und trocken tupfen und mit Salz und Pfeffer würzen • In einer Pfanne 1 EL Olivenöl erhitzen und die Hähnchenbrust von beiden Seiten 5 - 7 Minuten braten, je nach Dicke des Fleisches • Hähnchenbrust in Streifen schneiden • Linsensalat in eine Schale füllen und Hähnchenbruststreifen und Hummus dazugeben.

Hähnchenauflauf

MIT BROKKOLI UND KÄSE

ZEIT	PORTIONEN	KALORIEN	EIWEISS	KOHLENHYDRATE	FETT
25 min	2	632 kcal	40 g	8 g	49 g

- 1 Hähnchenbrustfilet
- ½ Brokkoli
- 200 ml Sahne o. pflanzliche Alternative (Soja, Hafer)
- ½ rote Zwiebel
- 100 ml Gemüse Fond (s. S. 268)
- 100 g Cheddar, gerieben
- 2 Stängel Basilikum
- ½ TL Kräuter de Provence
- 1 TL Brathähnchen Gewürzmischung
- Meersalz
- Pfeffer

Hähnchenfleisch waschen, trocken tupfen und in kleine Stücke schneiden • Hähnchenfleisch mit Brathähnchen Gewürz, etwas Salz und Pfeffer würzen • Brokkoliröschen vom Stiel schneiden, waschen und gut abtropfen lassen • Zwiebel schälen und in Spalten schneiden • Alles in eine ofenfeste Form legen.

Fond mit Sahne, Kräuter de Provence und etwas Salz und Pfeffer verrühren und über das Hähnchen und den Brokkoli geben • Cheddar darüberstreuen und das Ganze im vorgeheizten Backofen bei 180°C etwa 20 Minuten garen.

Basilikum waschen und trocken schütteln, dann die Blätter abzupfen und in Streifen schneiden • Überbackenes Ofen-Hähnchen mit Basilikum bestreuen und servieren.

FISCH

Japanischer Lachs-Salat

MIT AVOCADO UND WASABI

ZEIT	PORTIONEN	KALORIEN	EIWEISS	KOHLENHYDRATE	FETT
10 min	1	298 kcal	14 g	8 g	22 g

SALAT

- 3 Scheiben Lachs, geräuchert, Wildfang
- ¼ Avocado
- 2 Radieschen
- ¼ Romanasalat
- 2 Stängel Dill
- 1 EL Sesam
- 1 EL Rucola Keimlinge
- 1 EL Rote Bete Sprossen

DRESSING

- ½ Limette
- ½ TL Wasabi Paste
- 1 TL Ahornsirup
- 1 EL Teriyaki Sauce
- Meersalz

Sesam in einer heißen Pfanne ohne Fett anrösten, dann herausnehmen und abkühlen lassen • Salatblätter waschen, gut abtropfen lassen und in feine Streifen schneiden • Radieschen putzen und in dünne Streifen schneiden • Limette auspressen • Avocado aus der Schale lösen und in Scheiben schneiden • Avocado mit etwas Limettensaft beträufeln.

Für das Dressing in einer kleinen Schüssel Teriyaki Sauce mit Ahornsirup, 1 TL Wasser, Wasabi und etwas Limettensaft mischen und mit Salz abschmecken • Salat auf einen Teller geben und darauf die Lachs- und Avocadoscheiben legen • Darüber das Dressing verteilen.

Radieschen, Sprossen und Rucola Keimlinge auf dem Teller verteilen • Dillspitzen von den Stängeln zupfen und zum Salat geben • Zuletzt mit Sesam und etwas Salz bestreuen.

Karibischer Fisch

AUF SPITZKOHLSALAT

ZEIT	PORTIONEN	KALORIEN	EIWEISS	KOHLENHYDRATE	FETT
20 min	1	492 kcal	31 g	24 g	29 g

150 g Kabeljaufilet
o. Fisch nach Wahl
1 EL Kokosöl
1 EL Kokosraspeln

SALAT

80 g Spitzkohl
30 g Paprika, rot
60 g Mango
¼ Frühlingszwiebel
2 Stängel Dill

DRESSING

50 ml Apfelsaft
60 ml Kokosmilch
1 TL Ahornsirup, nach Bedarf
1 TL Reisessig
½ Limette
100 ml Wasser
Meersalz
Pfeffer

Spitzkohl von den äußeren, welken Blättern befreien und in feine Streifen schneiden • Paprika von Kernen und Trennwänden befreien und in feine Streifen schneiden • Die Hälfte der Mango in feine Streifen schneiden, die andere Hälfte für das Dressing beiseite legen • Frühlingszwiebel schräg in feine Ringe schneiden.

Für das Dressing die Limette auspressen • Apfelsaft, Kokosmilch, Reisessig, Ahornsirup, Limettensaft, die restliche Mango und 100 ml Wasser in einen Mixbecher geben und mit dem Stabmixer fein pürieren • Dressing mit Salz und Pfeffer abschmecken.

Spitzkohl, Paprika, Mango und Frühlingszwiebel zusammen mit dem Dressing in eine Salatschüssel geben und durchmischen • Dill waschen und trocken schütteln, dann klein zupfen und zum Salat geben.

Fisch waschen und trocken tupfen • Kokosöl in einer Bratpfanne erhitzen • Fisch in die heiße Pfanne geben und 1 - 2 Minuten auf jeder Seite braten • Vorsichtig wenden • Spitzkohlsalat auf einen Teller geben und den gebratenen Fisch darauf anrichten.

Salat mit Garnelen

UND GEGRILLTEM PFIRSICH

ZEIT	PORTIONEN	KALORIEN	EIWEISS	KOHLENHYDRATE	FETT
20 min	2	194 kcal	10 g	10 g	12 g

- 4 Garnelen, ohne Kopf, mit Schale
- 8 Cherrytomaten
- 1 Pfirsich
- 80 g Gurke
- ½ Kopfsalat
- 1 Romanasalat
- 2 EL Olivenöl
- 4 Stängel Basilikum
- 10 g Parmesan, gerieben
- Meersalz
- Pfeffer

Salatblätter waschen, abtropfen lassen und klein schneiden • Gurke und Tomaten in Stücke schneiden • Pfirsich vierteln, den Kern entfernen und in Spalten schneiden • Basilikum waschen, trocken schütteln und die Blättchen abzupfen • Basilikum grob hacken.

Salat mit Tomaten, Gurke, Basilikum und 2 EL Olivenöl in eine Salatschüssel geben • Geriebenen Parmesan, etwas Salz und Pfeffer dazugeben und alles durchmischen • Salat in zwei Schüsseln füllen.

Grillpfanne, alternativ Bratpfanne, erhitzen und Pfirsichspalten scharf anbraten, dann herausnehmen und zum Salat geben • Jeweils 2 Garnelen auf einen Spieß stecken, von beiden Seiten in der Pfanne braten und ebenfalls zum Salat geben.

Portugiesischer Bohneneintopf

„ALENTEJO"

ZEIT	PORTIONEN	KALORIEN	EIWEISS	KOHLENHYDRATE	FETT
30 min	4	365 kcal	22 g	20 g	20 g

- 480 g weiße Bohnen, aus der Dose
- 150 g Spitzpaprika, rot
- 1 rote Zwiebel
- 150 g Kabeljaufilet o. Fisch nach Wahl
- 100 g Chorizo
- 4 EL Olivenöl
- 1 EL Shoyu Sauce
- 1 Lorbeerblatt
- ½ Knoblauchzehe
- 2 EL Joghurt o. pflanzliche Alternative (Soja, Hafer)
- 700 ml Wasser
- 2 Stängel Koriander
- 2 Stängel Petersilie
- 2 Stängel Dill
- Meersalz
- Pfeffer

Bohnen in ein Sieb geben, abspülen und abtropfen lassen • Paprika von Kernen und Trennwänden befreien und in kurze Streifen schneiden • Zwiebel schälen und in Spalten schneiden • Knoblauch schälen und in Scheiben schneiden • Kräuter waschen und gut abtropfen lassen.

Chorizo in mundgerechte Stücke schneiden • Olivenöl in einem großen Topf erhitzen und Chorizostücke anbraten • Zwiebel, Knoblauch und Paprika dazugeben und alles mit anbraten • Bohnen unterrühren.

Das Ganze mit Wasser ablöschen und auffüllen • Etwas Salz und Pfeffer sowie das Lorbeerblatt dazugeben und das Ganze für 10 Minuten bei mittlerer Hitze kochen lassen.

Kabeljau in Stücke schneiden, salzen und zum Bohneneintopf geben • Eintopf weitere 2 - 5 Minuten kochen lassen • Shoyu Sauce dazugeben und den Eintopf mit Salz und Pfeffer final abschmecken.

Kräuter grob hacken • Bohneneintopf in Schüsseln füllen und jeweils 1 EL Joghurt und ein paar Kräuter dazugeben.

TIPP

Dazu passt auch etwas Pesto gut.

Garnelensalat

MIT AVOCADO UND MANGO DIP

ZEIT	PORTIONEN	KALORIEN	EIWEISS	KOHLENHYDRATE	FETT
20 min	2	495 kcal	14 g	25 g	35 g

SALAT

6 Garnelen, ohne Kopf, mit Schale
½ Romanasalat
2 Tomaten
1 Möhre
1 Frühlingszwiebel
½ Avocado
¼ Paprika, rot
¼ Paprika, gelb
40 g Gurke
¼ Mango
2 Knoblauchzehen
2 Stängel Minze
1 EL Olivenöl

DIP

50 g Joghurt, nach griechischer Art
¼ Mango
1 Limette, frisch gepresst
3 EL Olivenöl
1 EL Balsamico, Aceto Balsamico
Meersalz
Pfeffer

Salat, Gemüse und Kräuter waschen und abtropfen lassen • Salatblätter klein schneiden • Gurke und Tomate in Stücke klein schneiden • Möhre schälen, halbieren und in dünne Scheiben schneiden • Paprika in Stücke schneiden • Avocado halbieren, aus der Schale lösen, klein schneiden und mit Limettensaft beträufeln • Frühlingszwiebel putzen und in dünne Ringe schneiden • Minze hacken • Alle vorbereiteten Salatzutaten in eine Schüssel geben und durchmischen.

Mango schälen, dann in kleine Stücke schneiden • Die Hälfte der Mangostücke in die Salatschüssel geben, den Rest zusammen mit Joghurt in einen Mixbecher geben • Mango und Joghurt mit dem Stabmixer fein pürieren.

Für den Dip in einer Schüssel 3 EL Olivenöl, 1 EL Balsamico, ein Schuss kaltes Wasser, etwas Salz und Pfeffer mit dem Schneebesen verrühren • Mangopüree dazugeben, alles durchrühren und mit Limettensaft, Salz und Pfeffer abschmecken • Mango Dip zum Salat geben und alles durchmischen.

Garnelen von der Schale befreien und in kleine Stücke schneiden • Knoblauch ungeschält mit der Messerseite platt drücken • In der Pfanne 1 EL Olivenöl erhitzen • Garnelen und Knoblauch in die heiße Pfanne geben und für wenige Minuten braten, Garnelen zwischendurch wenden • Alles mit Salz und Pfeffer würzen • Garnelen aus der Pfanne nehmen und mit etwas Limettensaft beträufeln • Salat in zwei Schüsseln anrichten und die heißen Garnelenstücke dazugeben.

Grillgemüse

MIT THUNFISCH UND JOGHURT

ZEIT	PORTIONEN	KALORIEN	EIWEISS	KOHLENHYDRATE	FETT
20 min	1	435 kcal	27 g	14 g	29 g

- 50 g Tomate
- 50 g Paprika, rot
- 40 g Zucchini
- 80 g Thunfisch, aus der Dose
- 100 g Joghurt o. pflanzliche Alternative (Soja, Hafer)
- 20 g Tahin
- 1 EL Olivenöl
- 1 Stängel Basilikum
- 1 Stängel Thymian
- Meersalz
- Pfeffer

Gemüse und Kräuter waschen und abtropfen lassen • Tomate und Zucchini in Scheiben schneiden • Paprika von Kernen und Trennwänden befreien und in Stücke schneiden.

Grillpfanne oder Grill erhitzen und das Gemüse darauf grillen, sobald Röststreifen erkennbar sind, wenden.

Joghurt mit Tahin und etwas Salz mischen und auf einen Teller streichen • Das Ganze mit Olivenöl beträufeln • Grillgemüse und Thunfisch dazugeben • Kräuter zum Grillgemüse geben und alles mit Salz und Pfeffer würzen.

Kokos-Karotten-Suppe

MIT GARNELEN

ZEIT	PORTIONEN	KALORIEN	EIWEISS	KOHLENHYDRATE	FETT
35 min	2	422 kcal	9 g	19 g	34 g

400 g Karotten
4 Garnelen, ohne Kopf, mit Schale
1 Schalotte
500 ml Gemüse Fond (s. S. 268)
200 ml Kokosmilch
Chilischote nach Belieben
2 EL Kokosöl
1 Sternanis
1 TL Curry Pulver
5 g Ingwer, gerieben
4 Stängel Koriander
Meersalz
Pfeffer

Schalotte schälen und fein würfeln • Karotten schälen und in dünne Scheiben schneiden • Etwas Chilischote hacken • Koriander waschen, trocken schütteln und die Blätter abzupfen.

Kokosöl in einem großen Topf erhitzen und Schalotte anschwitzen • Karottenscheiben und Curry Pulver dazugeben und mit anschwitzen • Mit Fond ablöschen und durchrühren • Sternanis dazugeben und alles bei geschlossenem Deckel etwa 25 Minuten bei mittlerer Hitze köcheln lassen.

Kokosmilch, Ingwer und nach Belieben etwas Chili dazugeben und durchrühren • Topf von der Herdplatte nehmen und Sternanis entfernen • Suppe mit dem Stabmixer fein pürieren und mit Salz und Pfeffer abschmecken.

Eine Bratpfanne erhitzen • Garnelen mit der Schale auf zwei Spieße stecken und von beiden Seiten kurz braten • Karottensuppe in zwei Schüsseln füllen und Garnelenspieße und Korianderblätter dazugeben.

Lachs im Asia Style

MIT MANGO-SALSA

ZEIT	PORTIONEN	KALORIEN	EIWEISS	KOHLENHYDRATE	FETT
25 min	1	550 kcal	34 g	17 g	37 g

1 Lachsfilet, Wildfang, mit Haut
1 EL Sesamöl
1 TL Sesam
1 Zitrone
Wasabipaste, nach Belieben

SALSA

2 Radieschen
1 Tomate
¼ Avocado
50 g Gurke
30 g Mango
1 EL Alfalfasprossen
2 Stängel Koriander

DRESSING

1 EL Teriyaki Sauce
1 EL Soja Sauce
1 TL Ahornsirup
1 TL Reisessig
1 TL Shoyu Sauce
Meersalz
Pfeffer

Sprossen im Sieb abspülen und abtropfen lassen • Avocado aus der Schale lösen und in kleine Stücke schneiden • Mango in kleine Würfel schneiden • Radieschen putzen und in kleine Stücke schneiden • Tomate in kleine Stücke schneiden • Gurke schälen und klein schneiden • Zitrone halbieren, eine Hälfte auspressen.

Avocado, Mango, Radieschen, Tomate und Gurke in eine Salatschüssel geben • In einer kleinen Schale mit Teriyaki Sauce, Soja Sauce, Ahornsirup, Reisessig, Shoyu Sauce und 1 EL Wasser ein Dressing anrühren • Mit etwas frisch gepresstem Zitronensaft, Salz und Pfeffer abschmecken • Dressing zum Salat geben und alles durchrühren.

Lachsfilet waschen und trocken tupfen • In der Pfanne 1 EL Sesamöl erhitzen und die zweite Zitronenhälfte hineingeben • Lachsfilet zuerst auf der Hautseite anbraten, dann Hitze reduzieren und den Fisch langsam weiterbraten, bis er durchgebraten ist.

Lachsfilet mit Salz und Pfeffer würzen, mit Sesam bestreuen und auf einen Teller geben • Salat, Sprossen, die gebratene Zitronenhälfte und nach Belieben etwas Wasabipaste dazugeben.

BACKWAREN

&CO.

Vitales Dinkel-Brot

MIT NÜSSEN UND KERNEN

ZEIT	PORTIONEN	KALORIEN	EIWEISS	KOHLENHYDRATE	FETT
70 min	16 Scheiben	158 kcal	6 g	19 g	6 g

- 350 g Dinkelvollkornmehl
- 50 g Kürbiskerne
- 40 g Walnusskerne
- 40 g Mandeln
- 100 g Haferflocken
- 50 g Möhre
- 1 Päckchen Trockenhefe
- 1 EL Ahornsirup
- 1 EL Olivenöl
- 1 TL Meersalz
- 350 ml lauwarmes Wasser

Nüsse und Kerne grob hacken • Möhre schälen und klein reiben • Mehl und Hefe in eine Schüssel geben und mischen • Haferflocken, Nüsse und Kerne, Möhre und Salz dazugeben und alles gut mischen.

Olivenöl, Ahornsirup und lauwarmes Wasser dazugießen und für mehrere Minuten alles mit den Händen durchkneten • Eine Kastenform mit Backpapier auslegen oder leicht einölen und den Teig einfüllen • Die Teigoberfläche der Länge nach mit einem Messer 1 cm tief einritzen.

Das Brot auf der mittleren Schiene in den Backofen schieben und bei 170°C Umluft 1 Stunde backen • Nach dem Backen das Brot herausnehmen, etwas abkühlen lassen und dann aus der Form lösen • Das Brot vollständig abkühlen lassen, dann anschneiden.

TIPP

Für ein kleineres Brot lassen sich die Zutaten im Rezept auch ganz leicht halbieren.

Bagels

INNEN SOFT UND AUSSEN KNUSPRIG

ZEIT	PORTIONEN	KALORIEN	EIWEISS	KOHLENHYDRATE	FETT
30 min	2 Bagels	512 kcal	18 g	48 g	27 g

BAGELS

130 g Dinkelvollkornmehl
75 g Joghurt o. pflanzliche Alternative (Soja, Hafer)
½ TL Backpulver
10 g Sonnenblumenkerne
1 TL Sesam
1 EL Olivenöl

BELAG

2 Scheiben Lachs, geräuchert, Wildfang
2 Salatblätter
¼ Avocado
¼ Paprika, rot
2 TL Rote Bete Sprossen
2 TL Rucola Keimlinge
40 g Frischkäse
½ Zitrone, frisch gepresst
Meersalz
Pfeffer

In einer Schüssel Mehl und Backpulver mischen • Joghurt, Sonnenblumenkerne und etwas Salz dazugeben und alles verkneten, bis ein glatter Teig entstanden ist.

Teig in zwei Hälften teilen und zu Bagelringe formen • Bagelringe auf ein mit Backpapier ausgelegtes Backblech legen und mit Olivenöl bepinseln • Sesam auf die Bagel streuen und im vorgeheizten Backofen bei 220°C Umluft etwa 20 Minuten backen, bis sie goldbraun sind.

Bagels abkühlen lassen, dann mit dem Messer aufschneiden • Frischkäse auf alle vier Schnittflächen streichen • Avocado in Scheiben schneiden • Paprika in feine Streifen schneiden • Salatblätter waschen und gut abtropfen lassen.

Die unteren Bagelhälften mit Avocado, Lachs, Salat und Paprika belegen • Sprossen und Rucola Keimlinge dazugeben und mit Salz und Pfeffer würzen • Nach Belieben mit etwas Zitronensaft beträufeln • Die oberen Bägelhälften draufsetzen und schmecken lassen.

Naan Brot

INDISCHES FLADENBROT AUS DER PFANNE

ZEIT	PORTIONEN	KALORIEN	EIWEISS	KOHLENHYDRATE	FETT
20 min + 30 min	4 P. / 4 Brote	151 kcal	5 g	27 g	2 g

- 150 g Dinkelmehl Typ 630
- 2 g Trockenhefe
- ½ TL Ahornsirup
- 30 g Joghurt o. pflanzliche Alternative (Soja, Hafer)
- 1 TL Olivenöl
- 50 ml lauwarmes Wasser
- Meersalz

Dinkelmehl und Hefe in einer Schüssel mischen • Ahornsirup, Joghurt, Olivenöl, Wasser und etwas Salz hinzufügen und alles mit einer Gabel mischen • Mit den Händen zu einem glatten Teig verkneten, abdecken und an einem warmen Ort 30 Minuten gehen lassen.

Teig in vier gleich große Stücke teilen und mit dem Nudelholz jeweils 0,5 cm dicke Fladen ausrollen • Beim Ausrollen etwas Mehl auf die Arbeitsfläche streuen, damit der Teig nicht anklebt.

Eine große beschichtete Pfanne erhitzen und die Teigfladen hineingeben • Das Backen geht schnell, nur 2 - 3 Minuten pro Seite • Die fertigen Naan Brote können im Ofen bei 50°C warm gehalten werden.

Eiweiß-Brötchen

AUS KÄSE UND MANDELN

ZEIT	PORTIONEN	KALORIEN	EIWEISS	KOHLENHYDRATE	FETT
35 min	2 Brötchen	496 kcal	32 g	6 g	37 g

1 Ei, Größe M
40 g Quark
75 g Mozzarella, gerieben
25 g Cheddar, gerieben
75 g Mandeln, gemahlen
120 g Körniger Frischkäse
4 EL Rucola Keimlinge
Meersalz

Ei in einer Schüssel verquirlen • Quark dazugeben und verrühren, dann geriebenen Käse unterrühren • Mandeln hinzufügen und alles mit den Händen durchkneten • Aus dem Teig 2 Brötchen formen und diese auf ein mit Backpapier ausgelegtes Backblech legen • Brötchen im vorgeheizten Backofen bei 180°C Umluft etwa 30 Minuten backen • Brötchen herausnehmen und abkühlen lassen.

Brötchen aufschneiden und mit Frischkäse bestreichen • Rucola Keimlinge und etwas Salz dazugeben und schmecken lassen.

Haferbrot

MIT QUINOA UND LEINSAMEN

ZEIT	PORTIONEN	KALORIEN	EIWEISS	KOHLENHYDRATE	FETT
100 min	18 Scheiben	108 kcal	5 g	12 g	4 g

- 160 g Haferflocken
- 80 g Hirseflocken
- 80 g Quinoa
- 80 g Leinsamen
- 40 g Sonnenblumenkerne
- 40 g Kürbiskerne
- ½ TL Meersalz
- 750 ml lauwarmes Wasser

Alle trockenen Zutaten in eine große Rührschüssel geben und mischen • Dann 750 ml lauwarmes Wasser dazugeben und alles gut durchrühren • Die Rührschüssel mit einem Tuch abdecken und den Teig mindestens 6 Stunden ruhen lassen.

Eine Kastenform (30 cm Länge) mit Backpapier auslegen oder leicht einölen und die Teigmischung hineingeben • Den Teig glatt streichen und auf mittlerer Schiene in den Backofen stellen • Das Haferbrot im nicht vorgeheizten Backofen bei 180°C Umluft 1,5 Stunden backen, anschließend in der Form auskühlen lassen und dann erst herauslösen.

Käse-Kuchen

MIT BEEREN

ZEIT	PORTIONEN	KALORIEN	EIWEISS	KOHLENHYDRATE	FETT
70 min	12 Stücke	207 kcal	10 g	14 g	10 g

TEIG

100 g Mandeln, gemahlen
100 g Haferflocken
60 g Butter
50 g Dinkelvollkornmehl
4 EL Ahornsirup
1 Prise Meersalz

FÜLLUNG

500 g Quark
2 Eier, Größe M
150 g Beeren, frisch oder tiefgekühlt
6 EL Xucker
2 TL Maisstärke
1 Msp. Bourbon-Vanille

Den Boden der Springform (ø25 cm) mit Backpapier auslegen und mitsamt dem Backpapier in den Rahmen einspannen • Backofen auf 160 °C vorheizen.

Für den Teig Butter in einem kleinen Topf schmelzen • Mandeln, Haferflocken, Mehl, Ahornsirup, die flüssige Butter und eine Prise Salz in einer Schüssel mischen • Teig mit den Händen verkneten, sollte er zu trocken sein, 1 EL Wasser dazugeben.

Teig auf den Boden der Backform gleichmäßig festdrücken und dabei einen kleinen Rand formen • Boden mit Backpapier bedecken und 20 Minuten blindbacken.

Für die Füllung die Eier trennen • Eiweiß steif schlagen • Eigelbe mit Quark, Xucker, Maisstärke und gemahlener Bourbon-Vanille verrühren • Den Eischnee vorsichtig unter die Quarkcreme heben.

Den Boden aus dem Ofen nehmen und die Quarkcreme gleichmäßig darauf verteilen • Beeren dazugeben und den Kuchen im Ofen für weitere 35 - 40 Minuten backen, dann herausnehmen und abkühlen lassen.

Vitale Frühstücks-Riegel

MIT NÜSSEN UND SCHOKOLADE

ZEIT	PORTIONEN	KALORIEN	EIWEISS	KOHLENHYDRATE	FETT
30 min	12 Riegel	201 kcal	6 g	19 g	7 g

- 180 g Haferflocken
- 20 g Dinkelkleie
- 100 g Banane
- 5 EL Honig
- 50 g Mandelblättchen
- 50 g Erdnussmus
- 40 g Mandelmus
- 100 g Schoko Drops mit Xylit
- 20 g Cranberries
- Pekannusskerne als Topping nach Belieben

Haferflocken, Dinkelkleie, Mandelblättchen, Schoko Drops und Cranberries in eine Schüssel geben • Banane schälen, mit der Gabel zerdrücken und dazugeben • Honig, Erdnuss- und Mandelmus dazugeben und alles zusammen mit 3 EL Wasser mischen • Wenn der Teig zu fest ist, noch etwas Wasser hinzufügen.

Eine ofenfeste Form bereitstellen und diese mit Backpapier auslegen, so dass später die Riegel leicht zu entnehmen sind • Riegelmischung in die vorbereitete Form geben und flach ausstreichen, wer mag kann noch ein Topping darauf geben.

Das Ganze im vorgeheizten Backofen bei 180°C etwa 15 - 20 Minuten backen, dann herausnehmen und abkühlen lassen • Riegelmasse aus der Form lösen und mit einem großen Messer in gleich große Riegel schneiden • Die Riegel sind, verschlossen im Kühlschrank aufbewahrt, etwa 3 Tage haltbar.

TIPP

Riegel kann man prima einfrieren und dann am Abend vor dem Verzehr zum Auftauen in den Kühlschrank legen.

Zitronen-Cupcakes

OHNE BACKEN

ZEIT	PORTIONEN	KALORIEN	EIWEISS	KOHLENHYDRATE	FETT
20 min + 3 h Getrierzeit	6	369 kcal	9 g	15 g	30 g

80 g Mandeln
40 g Datteln, entsteint
6 EL Kokosöl
160 g Cashewkerne
1 Zitrone
3 EL Ahornsirup
50 g Heidelbeeren

Cashewkerne einweichen, am besten am Abend zuvor • Dazu eine Schale mit kaltem Wasser füllen und die Cashewkerne dazugeben • Alternativ Cashewkerne mindestens 1 Stunde vor dem Zubereiten in heißem Wasser einweichen • Wenn die Cashewkerne nicht eingeweicht werden, wird das Topping nicht cremig genug.

Kokosöl leicht erwärmen, so dass es flüssig wird • Mandeln und Datteln in einer Küchenmaschine klein häckseln, dann 2 EL Kokosöl hinzufügen und nochmals durchhäckseln • Teig in eine Schüssel geben und verkneten.

Silikon-Muffin-Förmchen bereitstellen, den Teig portionsweise hineingeben und gut andrücken • Förmchen in den Kühlschrank stellen, bis das Topping fertig zubereitet ist.

Für das Topping die Zitrone halbieren und auspressen • Cashewkerne abgießen, dann die Kerne mit Zitronensaft, Ahornsirup und 4 EL Kokosöl in der Küchenmaschine mixen, bis eine glatte Konsistenz entstanden ist.

Förmchen aus dem Kühlschrank nehmen und das Topping einfüllen • Jeweils ein paar Heidelbeeren dazugeben und dann das Topping glatt streichen • Förmchen in den Gefrierschrank stellen und für 2 - 3 Stunden einfrieren • Danach im Kühlschrank aufbewahren und innerhalb weniger Tage verzehren.

TIPP

Statt Heidelbeeren können auch andere Früchte verwendet werden.

Dattel-Schokolade

MIT PISTAZIEN UND NÜSSEN

ZEIT	PORTIONEN	KALORIEN	EIWEISS	KOHLENHYDRATE	FETT
10 min + 1 h	16 Stücke	63 kcal	1 g	7 g	3 g

100 g Datteln, entsteint
100 g Zartbitterschokolade (mind. 80% Kakaoanteil)
1 EL Mandeln
1 EL Cashewkerne
1 EL Pistazien

Ein Brett oder Backblech bereitstellen, das später auch in deinen Kühlschrank passt • Backpapier darauf legen • Datteln längs aufschneiden, auseinanderklappen und mit der offenen Seite nach unten auf das Backpapier legen • Datteln dicht zusammen zu einem Rechteck auslegen und leicht andrücken.

Mandeln, Cashewkerne und Pistazien grob hacken • Schokolade über heißem Wasserbad schmelzen und gleichmäßig über die Datteln verteilen • Mandeln, Cashewkerne und Pistazien darüber streuen.

Das Ganze für mindestens 1 Stunde im Kühlschrank fest werden lassen, dann in Stücke schneiden und in einer Dose im Kühlschrank aufbewahren.

TIPP

Am besten eignen sich für die Herstellung weiche Medjool Datteln.

Vital-Kekse

FÜR DEN GESUNDEN SNACK

ZEIT	PORTIONEN	KALORIEN	EIWEISS	KOHLENHYDRATE	FETT
45 min	12 Kekse	131 kcal	3 g	4 g	12 g

50 g Mandeln
50 g Haselnusskerne
50 g Sesam
20 g Pistazien
20 g Sonnenblumenkerne
30 g Honig
40 g Kokosöl

Nüsse und Kerne grob hacken • Kokosöl erwärmen, so dass es flüssig wird • Alle Zutaten in eine Schüssel geben, mischen und mit den Händen zu einem Teig verkneten • 12 Silikon-Muffin-Förmchen mit dem Teig füllen und diesen gut mit den Fingern andrücken.

Die Förmchen auf ein Backblech im vorgeheizten Backofen bei 175°C Umluft etwa 20 - 25 Minuten backen, bis die Ränder goldbraun und knusprig werden • Blech mit den Förmchen aus dem Ofen nehmen und abkühlen lassen • Kekse dann vorsichtig aus der Form herauslösen.

Kernige Riegel

MIT SCHOKOLADE

ZEIT	PORTIONEN	KALORIEN	EIWEISS	KOHLENHYDRATE	FETT
20 min + 4 h	10 Riegel	179 kcal	7 g	6 g	13 g

- 40 g Mandeln
- 25 g Walnusskerne
- 20 g Pekannusskerne
- 20 g Sonnenblumenkerne
- 10 g Kürbiskerne
- 1 EL Chiasamen
- 1 EL Leinsamen, geschrotet
- 20 g Soja Crispies
- 20 g Honig
- 20 g Ahornsirup
- 100 g Erdnussmus
- 30 g Schoko Drops mit Xylit

Mandeln, Walnuss- und Pekannusskerne grob hacken und auf ein Backblech geben • Sonnenblumen- und Kürbiskerne dazugeben und alles gleichmäßig verteilen • Kerne im vorgeheizten Backofen bei 180°C Ober-/Unterhitze etwa 10 Minuten backen, dann herausnehmen und abkühlen lassen.

Erdnussmus, Honig und Ahornsirup in einem kleinen Topf etwas erwärmen • Dabei mehrmals umrühren, so dass es eine homogene Masse entsteht • Dann den Topf von der Herdplatte nehmen und die Mischung abkühlen lassen.

Eine ofenfeste Form bereitstellen und diese mit Backpapier auslegen, so dass später die Riegel leicht zu entnehmen sind • Erdnuss-Mischung zusammen mit den gebackenen Kernen, Soja Crispies, Chia- und Leinsamen in eine große Schüssel geben und alles durchmischen • Riegelmischung in die vorbereitete Ofenform geben und flach ausstreichen • Das Ganze für mindestens 4 Stunden kalt stellen.

Riegelmasse aus der Form lösen und mit einem großen Messer in gleich große Riegel schneiden • Schoko Drops über heißem Wasserbad schmelzen und mit einem Löffel über die Riegel verteilen • Schokolade aushärten lassen • Die kernigen Riegel sind, verschlossen im Kühlschrank aufbewahrt, etwa 5 Tage haltbar.

Brownies

MIT BOHNEN UND SCHOKO DROPS

ZEIT	PORTIONEN	KALORIEN	EIWEISS	KOHLENHYDRATE	FETT
35 min	8	242 kcal	8 g	15 g	14 g

- 265 g schwarze Bohnen, aus der Dose
- 2 Eier, Größe M
- 50 g Mandeln, gemahlen
- 50 g Datteln, entsteint
- 60 g Butter
- 50 ml Sahne o. pflanzliche Alternative (Soja, Hafer)
- 30 g rohes Kakaopulver
- 1 TL Backpulver
- 50 g Schoko Drops mit Xylit
- etwas Puderxucker zum Bestäuben
- Meersalz

Eine ofenfeste Form mit Backpapier auslegen • Schwarze Bohnen in ein Sieb geben, unter fließendem Wasser abspülen, und abtropfen lassen • Bohnen mit Datteln, Sahne und einer Prise Meersalz in einen Mixbecher geben und mit dem Stabmixer fein pürieren.

Butter in einem kleinen Topf schmelzen • Eier trennen • Eiweiß mit dem elektrischen Handrührgerät steif schlagen • Mandeln, Backpulver und Kakao in einer Schüssel mischen, dann Butter, Eigelbe und die Hälfte der Schoko Drops dazugeben und durchrühren • Eischnee unter den Teig heben.

Teig in die Form füllen, die restlichen Schoko Drops dazugeben und im vorgeheizten Backofen bei 175°C Umluft 20 - 25 Minuten backen • Form aus dem Ofen nehmen, abkühlen lassen und dann in Stücke schneiden • Nach Belieben mit etwas Puderxucker bestreuen.

Himmlischer Quarkauflauf

MIT KIRSCHEN

ZEIT	PORTIONEN	KALORIEN	EIWEISS	KOHLENHYDRATE	FETT
20 min	6	69 kcal	7 g	3 g	2 g

- 250 g Quark, Magerstufe
- 2 Eier, Größe M
- 2 EL Xucker
- ¼ TL Vanille, gemahlen
- 1 TL Zimt, gemahlen
- 100 g Sauerkirschen, aus dem Glas

Eier trennen • Eigelbe mit Quark, Xucker, Vanille und Zimt zu einem Teig verrühren • Eiweiße mit dem elektrischen Handrührgerät steif schlagen und vorsichtig unter den Teig heben.

Kirschen auf 6 Gläser verteilen und obendrauf die Quarkmischung geben • Gefäße nur zu 2/3 befüllen, da der Teig beim Backen aufgeht • Quarkauflauf im vorgeheizten Backofen bei 180°C Umluft etwa 12 - 15 Minuten backen, dann herausnehmen und abkühlen lassen.

TIPP

Der Quarkauflauf lässt sich auch toll in Tassen zubereiten.

Sesam Kracker

MIT TAHIN-JOGHURT DIP

ZEIT	PORTIONEN	KALORIEN	EIWEISS	KOHLENHYDRATE	FETT
35 min	20 Kracker	31 kcal	1 g	2 g	2 g

KRACKER

- 100 g Kichererbsenmehl
- 2 EL Olivenöl
- ½ TL Backpulver
- 1 Prise Knoblauchpulver
- ½ EL Sesam, hell
- ½ EL Sesam, schwarz

DIP

- 3 EL Joghurt o. pflanzliche Alternative (Soja, Hafer)
- 1 TL Tahin
- ½ TL Zitronensaft, frisch gepresst
- Meersalz

In einer Schüssel Kichererbsenmehl mit Backpulver, Knoblauchpulver, Meersalz, Olivenöl und 50 ml Wasser mischen • Mit den Händen alles zu einem geschmeidigen Teig verarbeiten und diesen 10 Minuten im Kühlschrank ruhen lassen.

Zwei Bögen Backpapier bereitlegen • Sesam in einem kleinen Schälchen mischen • Teig mittig auf ein Backpapier legen und mit dem zweiten Backpapier bedecken • Teig erst mit der Hand flachdrücken, dann mit dem Nudelholz gleichmäßig dünn ausrollen • Der Teig sollte am Ende nur noch 3 - 4 mm dick sein.

Das obere Backpapier vorsichtig abziehen • Teig mit Backpapier auf ein Backblech legen • Mit einem Messer 20 gleich große Vierecke einritzen, den Teig dabei aber nicht durchschneiden • Teig mit etwas Wasser bestreichen und mit Sesam bestreuen • Teig im vorgeheizten Backofen bei 190°C Umluft etwa 10 - 15 Minuten backen, bis die Teigränder braun werden.

Backblech aus dem Ofen nehmen und Kracker 5 Minuten ruhen lassen • Dann entlang der geritzten Linien in Stücke brechen oder schneiden • Kracker vollständig abkühlen lassen • Für den Dip Joghurt mit Tahin und Zitronensaft mischen und mit etwas Salz abschmecken • Kracker verschlossen in einer Dose aufbewahren und innerhalb weniger Tage verzehren.

BASICS

Salsa Verde

ZEIT	PORTIONEN	KALORIEN	EIWEISS	KOHLENHYDRATE	FETT
5 min	10	49 kcal	0 g	1 g	5 g

- 4 Stängel Petersilie
- 4 Stängel Koriander
- 4 Stängel Basilikum
- 4 Stängel Dill
- 1 Schalotte
- 2 EL Kapern, aus dem Glas
- 1 Zitrone
- 1 EL Weißweinessig
- 50 ml Olivenöl
- Meersalz

Kräuter waschen, trocken schütteln und fein hacken • Schalotte schälen und sehr fein würfeln • Kapern fein hacken • Zitrone heiß waschen, abtrocknen und mit der Reibe die Schale abreiben • Zitrone halbieren und auspressen.

In einem Schraubglas Kräuter, Schalotte, Kapern, Zitronenabrieb und Olivenöl mischen • Weißweinessig und etwas frisch gepressten Zitronensaft hinzufügen und mit Salz würzen • Alles durchmischen und verschlossen im Kühlschrank aufbewahren • Salsa Verde ist bedeckt mit ausreichend Olivenöl etwa 1 Woche haltbar.

Blumenkohl-Butter-Reis

ZEIT	PORTIONEN	KALORIEN	EIWEISS	KOHLENHYDRATE	FETT
15 min	2	129 kcal	2 g	2 g	13 g

150 g Blumenkohl
30 g Butter
3 EL Gemüse Fond (s. S. 268)
Meersalz

Blumenkohl waschen und abtropfen lassen • Blumenkohl mit der Reibe klein reiben, so dass er eine reisähnliche Konsistenz hat • Butter in einem kleinen Topf schmelzen, dann den geriebenen Blumenkohl dazugeben • Blumenkohl erhitzen und mit etwas Salz würzen • Fond dazugeben und den Blumenkohl bei kleiner Hitze 10 Minuten ziehen lassen.

TIPP

Blumenkohlreis mit gehackter Petersilie bestreuen.

Pinke Zwiebel-Pickles

ZEIT	PORTIONEN	KALORIEN	EIWEISS	KOHLENHYDRATE	FETT
10 min	20	8 kcal	0 g	1 g	0 g

400 g rote Zwiebeln
200 ml Apfelessig
200 ml Wasser
6 g Meersalz
4 g Rohrohrzucker

Zwiebeln schälen, halbieren und in Streifen schneiden • Zwiebelstücke in ein dicht verschließbares Glas schichten • Essig, Wasser, Salz und Rohrohrzucker in einem kleinen Topf zum Kochen bringen • Die heiße Flüssigkeit über die Zwiebeln im Glas gießen, bis sie vollständig damit bedeckt sind • Das Glas verschließen und abkühlen lassen • Die pinken Zwiebel-Pickles mindestens eine Nacht im Kühlschrank ziehen lassen.

TIPP

Zwiebel-Pickles im Kühlschrank aufbewahren und immer mit einer sauberen Gabel entnehmen.

Knackige Gurken-Pickles

ZEIT	PORTIONEN	KALORIEN	EIWEISS	KOHLENHYDRATE	FETT
10 min + 24 h Ziehzeit	8	12 kcal	0 g	2 g	0 g

- 4 kleine Gurken
- 5 Stängel Dill
- 100 ml Weißweinessig
- 160 ml Wasser
- 1 TL Honig
- 1 TL Senfkörner
- ½ TL Pfefferkörner
- 1 Lorbeerblatt
- Meersalz

Gurken waschen, längs in Streifen schneiden und in ein Glas stellen • Dill waschen und zusammen mit dem Lorbeerblatt ins Glas geben • In einem kleinen Topf Essig, Wasser, Honig, Senf- und Pfefferkörner sowie 1 TL Salz mischen und aufkochen • Sud für etwa 3 Minuten kochen lassen, dann über die Gurkensticks gießen • Glas bis oben hin mit Sud füllen und verschließen.

Nach dem Abkühlen das Gurkenglas im Kühlschrank lagern • Bis zum ersten Verzehr einen Tag warten, damit sich die Gewurze und Aromen enthalten können • Gurken Pickles sind verschlossen und mit ausreichend Flüssigkeit bedeckt etwa 2 - 3 Monate haltbar.

Ketchup

ZEIT	PORTIONEN	KALORIEN	EIWEISS	KOHLENHYDRATE	FETT
10 min	4	44 kcal	1 g	4 g	2 g

70 g Tomatenmark
100 g Tomaten Fruchtfleisch, aus der Dose
1 EL Olivenöl
Meersalz
Agavendicksaft nach Belieben

Olivenöl in einen Topf geben und erhitzen • Tomatenmark dazugeben und einrühren • Tomaten Fruchtfleisch dazugeben und das Ganze 5 Minuten kochen, dabei mehrmals durchrühren • Ketchup mit Salz und etwas Agavendicksaft abschmecken.

Blitz-Aioli

ZEIT	PORTIONEN	KALORIEN	EIWEISS	KOHLENHYDRATE	FETT
5 min	6	125 kcal	0 g	0 g	14 g

100 g Mayonnaise
1 Knoblauch Zehe

Knoblauch schälen und halbieren • Mayonnaise und Knoblauch in einen Mixbecher geben und mit dem Stabmixer pürieren.

TIPP

Wähle die Mayonnaise, die du magst, die Blitz-Aioli klappt mit jeder Sorte.

Selleriepüree

ZEIT	PORTIONEN	KALORIEN	EIWEISS	KOHLENHYDRATE	FETT
20 min	1	355 kcal	5 g	7 g	34 g

200 g Knollensellerie
80 ml Sahne o. pflanzliche Alternative (Soja, Hafer)
1 TL Butter
Muskatnuss
Meersalz
Pfeffer

Sellerie schälen, waschen und in kleine Würfel schneiden • Selleriewürfel und Sahne in einen Topf geben und erhitzen • Sellerie etwa 15 Minuten bei kleiner Hitze köcheln lassen, zwischendurch umrühren • Kurz vor Ende der Garzeit die Butter dazugeben.

Topf von der Herdplatte nehmen und mit einem Stampfer die Selleriewürfel zu einem Püree zerdrücken • Selleriepüree mit etwas frisch geriebener Muskatnuss, Salz und Pfeffer abschmecken.

Pastinakenpüree

ZEIT	PORTIONEN	KALORIEN	EIWEISS	KOHLENHYDRATE	FETT
10 min	2	108 kcal	2 g	14 g	5 g

4 Pastinaken
1 TL Butter
Meersalz
etwas Dill nach Belieben

Pastinaken schälen, in kleine Stücke schneiden und in einem Topf mit Wasser bedeckt etwa 3 - 5 Minuten kochen • Pastinaken in einen Mixbecher geben und mit dem Stabmixer fein pürieren • Mit einem Löffel die Butter einrühren und das Püree mit Salz abschmecken • Nach Belieben mit ein paar frischen Dillspitzen servieren.

Fava-Erbsenpüree

ZEIT	PORTIONEN	KALORIEN	EIWEISS	KOHLENHYDRATE	FETT
100 min	4	230 kcal	11 g	25 g	8 g

200 g gelbe Spalterbsen (Fava)
1 Lorbeerblatt
1 Knoblauchzehe
1 EL Zitronensaft, frisch gepresst
3 EL Olivenöl
Meersalz

Erbsen in ein Sieb geben und kalt abspülen • Erbsen dann in reichlich kochendem Wasser mit Lorbeerblatt, Knoblauch und etwas Salz bei mittlerer Hitze 90 Minuten köcheln lassen, bis sie weich sind • Erbsen durch ein Sieb abgießen, dabei das Kochwasser auffangen • Lorbeerblatt entfernen • Erbsen mit 150 ml Kochwasser, Zitronensaft und Olivenöl in einen Mixbecher geben und pürieren, nach Bedarf weiteres Kochwasser hinzufügen, je nach gewünschter Konsistenz • Fava-Püree mit Salz abschmecken.

Süßkartoffelpüree

ZEIT	PORTIONEN	KALORIEN	EIWEISS	KOHLENHYDRATE	FETT
15 min	3	128 kcal	3 g	25 g	2 g

300 g Süßkartoffel
300 ml Gemüse Fond (s. S. 268)
100 ml Milch o. pflanzliche Alternative (Soja, Hafer)
Meersalz

Süßkartoffel schälen, in Würfel schneiden und zusammen mit dem Fond zum Kochen bringen • Süßkartoffel etwa 10 Minuten bei mittlerer Hitze köcheln lassen bis sie weich ist • Sojadrink erwärmen, dann mit den Süßkartoffelwürfeln in einen Mixbecher geben und mit dem Stabmixer pürieren • Süßkartoffelpüree mit Salz abschmecken.

Auberginen-Dip

ZEIT	PORTIONEN	KALORIEN	EIWEISS	KOHLENHYDRATE	FETT
35 min	4	59 kcal	2 g	4 g	4 g

- 1 große Aubergine
- 1 Knoblauchzehe
- ½ TL Tahin
- 1 EL Zitronensaft, frisch gepresst
- 1 TL Kreuzkümmel
- 1 Prise Koriander, gemahlen
- 1 EL Granatapfelkerne
- 1 TL Sesam
- 1 EL Olivenöl
- 2 Stängel Petersilie
- 2 Stängel Koriander
- 1 Stängel Minze
- Meersalz

Aubergine waschen, halbieren und mit einem Messer die Schnittfläche rautenförmig einschneiden • Auberginenhälften mit der Schnittfläche nach oben auf ein mit Backpapier ausgelegtes Backblech legen und mit Olivenöl bepinseln • Aubergine im vorgeheizten Backofen bei 200°C Ober-/Unterhitze etwa 30 Minuten backen.

Aubergine aus dem Ofen nehmen und das weiche Fruchtfleisch mit einem Löffel aus der Schale lösen • Knoblauch schälen und zusammen mit dem Fruchtfleisch in einen Mixbecher geben • Tahin, Zitronensaft, Kreuzkümmel, etwas gemahlenen Koriander und etwas Salz dazugeben und mit dem Stabmixer fein pürieren.

Kräuter waschen und trocken schütteln, dann die Blätter abzupfen und grob hacken • Auberginen-Dip in ein Schälchen füllen und darauf die Sesam, Granatapfelkerne und Kräuter geben.

Gemüse Fond

ZEIT	PORTIONEN	KALORIEN	EIWEISS	KOHLENHYDRATE	FETT
15 min	3 Liter / 10 P.	40 kcal	1 g	4 g	2 g

- 1 Paprika
- 1 Möhre
- 200 g Knollensellerie
- 100 g Porree
- 2 Stangensellerie
- 1 Tomate
- 1 Zwiebel
- 2 Lorbeerblätter
- 1 EL Olivenöl
- 3 L Wasser, lauwarm
- Meersalz nach Belieben

Gemüse waschen und abtropfen lassen • Paprika in Stücke schneiden • Möhre in Stücke schneiden • Knollensellerie schälen und klein schneiden • Stangensellerie, Porree und Tomate in Stücke schneiden • Zwiebel schälen und vierteln.

Olivenöl in einem großen Topf erhitzen und Gemüse darin bei starker Hitze etwa 4 Minuten andünsten • 1,5 Liter Wasser zugießen und Lorbeerblätter und Salz dazugeben • Alles aufkochen lassen und dann nach und nach die restlichen 1,5 Liter Wasser dazugeben • Gemüse bei kleiner Hitze zugedeckt 1 Stunde köcheln lassen.

Inzwischen die Gläser und Deckel mit kochendem Wasser ausspülen und kopfüber auf einem Küchentuch trocknen lassen.

Flüssigkeit durch ein Sieb geben und noch heiß in die Schraubgläser füllen • Gläser verschließen und 5 Minuten auf den Kopf stellen • Dann wieder umdrehen und abkühlen lassen.

Gemüse Fond kann entweder direkt für die Zubereitung z.B. von einer Suppe verwendet werden oder wird bis zum Gebrauch verschlossen im Kühlschrank aufbewahrt • Gemüse Fond innerhalb weniger Tage aufbrauchen oder portionsweise einfrieren.

DEIN PLAN

HIER ENTLANG

Der 4-Wochen
ERNÄHRUNGSPLAN

Unser Low Carb Ernährungsplan soll dir helfen, deine Ernährung auf eine gesunde, kohlenhydratarme Ernährungsweise umzustellen. Der Plan beinhaltet die Rezepte aus diesem Buch, die abwechslungsreich für dich für einen Zeitraum von 4 Wochen zusammengestellt worden sind - ideal, um neue Essgewohnheiten in deinen Alltag zu etablieren.

Die Rezepte im Wochenplan sind so angelegt, dass du ausreichend mit guten Kohlenhydraten, guten Fetten und guten Eiweißen versorgt wirst. Pro Tag nimmst du mit den Rezepten im Plan zwischen 60 - 80 g Kohlenhydrate zu dir, das ist eine gute Basis zum Abnehmen.

Aufbau des Wochenplans

Im 4-Wochen-Ernährungsplan sind alle Mahlzeiten für dich vorgeplant. So musst du selbst keine langen Planungen durchführen und kannst direkt mit der Low Carb Ernährung starten.

Du kannst dich jeden Tag auf tolle Low Carb Rezepte für das Frühstück, Mittag und Abendessen freuen. Zudem werden alle dazugehörigen Nährwerte aufgelistet. In jeder Tagesansicht kannst du die Gesamtanzahl von Kalorien, Eiweißen, Fetten und Kohlenhydraten ablesen.

Eine Zutat im Rezept passt für mich nicht oder gibt es gerade nicht

Wenn du eine Zutat im Rezept nicht magst, muss das ja noch lange nicht heißen, dass das ganze Rezept nicht schmeckt. Manche Menschen vertragen einzelne Lebensmittel nicht. Oder du kannst eine Zutat nicht einkaufen, weil es sie gerade nicht gibt, auch das kommt vor. Oft kannst du diese Zutat austauschen oder einfach weglassen. Etwa bei saisonalen Zutaten wie beispielsweise frischen Früchten kann es vorkommen, dass sie nicht verfügbar sind, wenn du das Programm durchführst. Wähle dann eine Zutat, die dir schmeckt und trotzdem in die Low Carb Ernährung passt.

Wenn du ein Gericht austauschen möchtest

Jeder Mensch ist einzigartig und hat persönliche Geschmacksvorlieben. Wir können mit unseren Rezepten nicht jeden Geschmack genau treffen. Das ist uns bewusst und auch völlig in Ordnung so. Sollte ein Rezept nicht zu dir passen, kannst du es im Plan gegen ein anderes Rezept aus dem Kochbuch oder mit einem eigenen Rezept deiner Wahl ersetzen.

Viele weitere tolle Rezepte findest du auch auf unserer Webseite: **www.lowcarbrezepte.org**

Achte beim Tausch auf die im Originalrezept angegebenen Nährwerte und orientiere dich daran. So weichst du am Ende des Tages nicht großartig vom Gesamtwert ab und bleibst dem Konzept des Plans treu.

Trinken, Trinken und nochmals Trinken

Unser Körper braucht Flüssigkeit! Deshalb empfehlen wir, es dir zur Gewohnheit zu machen, bereits morgens nach dem Zähneputzen mit einem Glas Wasser in den Tag zu starten. Trinke über den Tag verteilt immer wieder ein Glas Wasser.

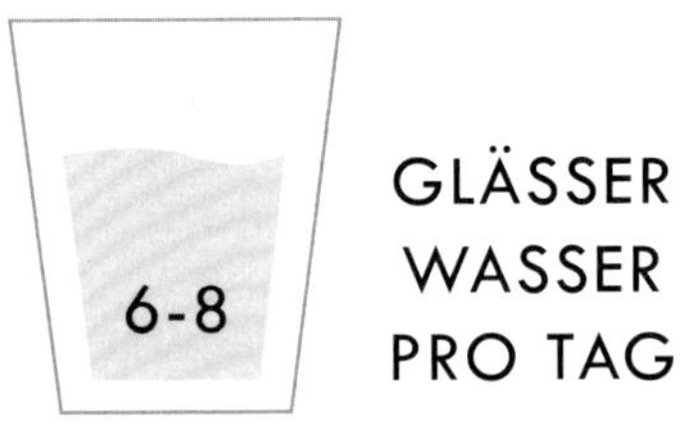

Idealerweise wählst du stilles Wasser als Flüssigkeit Nummer 1 für dich. Stilles Wasser ist frei von Zucker, Geschmacks-, Farb- und anderen Stoffen. Dein Körper kann es direkt für alle wichtigen Aufgaben verwenden, etwa anfallende Stoffwechselprodukte verarbeiten und ausscheiden. Ein ausgeglichener Flüssigkeitshaushalt unterstützt die Durchblutung und hält die Verdauung in Schwung. Das ist auch für deinen Abnehmerfolg von entscheidender Bedeutung.

Viele Menschen haben es verlernt, zu unterscheiden, ob sie wirklich Hunger oder Durst haben. In den meisten Fällen braucht unser Körper keinen Snack, sondern einfach nur etwas Flüssigkeit. Appetit ist oft nur falsch verstandener Durst. Deshalb: Trinke daher am besten erst einmal ein Glas Wasser, wenn du zwischen den Mahlzeiten ein Hungergefühl verspürst.

Bei Sport, Hitze und sonstigen Anstrengungen solltest du deine Flüssigkeitsmenge noch einmal erhöhen, damit dein Körper ausreichend versorgt ist.

Die Grundzutaten

Es gibt einige Zutaten, die du immer im Haus haben solltest. Diese Zutaten sind für dich in der Grundzutaten-Liste aufgelistet. Kaufe diese Grundzutaten am besten zu Beginn des Plans ein und schaue dann ab und zu, wann du davon Nachschub besorgen musst, meist hast du lange etwas davon. Bitte beachte, dass die Grundzutaten nicht in den wöchentlichen Einkaufslisten berücksichtigt worden sind.

Bei den Grundzutaten handelt es sich vor allem um Gewürze, getrocknete Kräuter und Früchte, Nüsse, Samen, Kerne, Mehle, Öle, Saucen und Süßungsmittel. Diese Zutaten kannst du auch ganz entspannt separat an einem späteren Abend einkaufen gehen, auf frische Ware im Obst- und Gemüseabteil bist du hier nicht angewiesen. Der spätere Abend ist empfehlenswert, denn da sind die meisten Menschen bereits zu Hause und du kannst in Ruhe nach allen Zutaten in den Gewürzregalen schauen.

Nutze unsere fertigen Einkaufslisten

Passend zu den einzelnen Wochen findest du fertige Einkaufslisten. Darauf sind alle Zutaten aufgelistet, die du für die Zubereitung deiner Rezepte in der jeweiligen Woche benötigst.

Auf jeder Einkaufsliste sind die Lebensmittel in verschiedene Kategorien unterteilt, so findest du dich beim Einkaufen schnell zurecht. Gerichte, die im Rezept für zwei oder mehr Portionen ausgelegt sind (etwa Riegel, Törtchen, Suppen), sind auch so in der Einkaufsliste berücksichtigt worden. Entweder kannst du die weitere Portion einfrieren oder du planst das Gericht mit jemandem zusammen, gemeinsam isst es sich ja immer noch am besten. Du kannst dir ein Gericht auch am nächsten Tag nochmal schmecken lassen und so Zeit für das Kochen sparen.

Hier kannst du deine Einkaufslisten herunterladen:

lowcarbrezepte.org/b5-downloads

Alle Listen wurden mit größter Sorgfalt für dich erstellt. Eine Garantie für die Vollständigkeit kann jedoch nicht übernommen werden.

Was ist mit Snacks?

Die Verdauungsorgane in deinem Körper können am besten arbeiten, wenn nicht ständig neues Essen dazukommt, was den Verarbeitungsprozess beeinflusst. Wenn du komplett auf Snacks und Zwischenmahlzeiten verzichtest, wirst du beim Abnehmen den größten Erfolg haben. Konzentriere dich auf drei Hauptmahlzeiten am Tag. Deine Verdauungsorgane haben so genügend Zeit zwischen den Mahlzeiten, die aufgenommenen Speisen zu zersetzen und zu verarbeiten.

Wer gerade am Anfang nicht auf Snacks verzichten kann, sollte nur gesunde Snacks zu sich nehmen. Dazu zählen neben Obst und Gemüse auch Nüsse und Kerne, gesunde Riegel aus Low Carb Zutaten, gekochte Eier oder auch Käse. Übrigens: Snacks direkt mit einer Mahlzeit zu essen, ist die bessere Lösung. Integriere einen kleinen Obstsalat, frische Früchte oder Gemüse am besten in dein Frühstück oder Mittagessen. In der gleichen Weise kannst du auch bei Keksen, Riegeln und Ähnlichem verfahren. So musst du nicht komplett darauf verzichten, bleibst aber bei deinen drei Hauptmahlzeiten. Wenn du dir am Wochenende oder zu besonderen Anlässen eine vierte Mahlzeit schmecken lässt, tu es mit vollem Genuss.

Wie oft sollte ich auf die Waage steigen?

Wir empfehlen dir, dich nur einmal in der Woche zu wiegen. Wähle dazu immer den gleichen Morgen unter denselben Bedingungen aus. Eine Waage, die Körperwasser und Muskelanteil separat anzeigt, ist am besten für die Kontrolle geeignet. Denn nur so kannst du feststellen, was sich verändert hat.

1

WOCHE

TIPPS ZUM START IN WOCHE 1

Ein fertig erstellter Wochenplan soll dir helfen, leichter in die gesunde Low Carb Ernährungsweise reinzufinden. Wir haben die Rezepte aus diesem Buch abwechslungsreich für dich zusammengestellt, natürlich kannst du dir eine Rezeptidee, wenn sie dir besonders gut gefällt, auch an mehreren Tagen schmecken lassen. Variiere die Rezepte in dem Plan so für dich, dass es für dich passt und du dich damit wohl fühlst.

Um möglichst alle Lebensmittel zu verbrauchen, gibt es in dieser Woche z.B. mehrere Rezepte mit frischem Gemüse und Salat, mit Kürbis und Blumenkohl. Wenn du von einer Zutat mal etwas mehr zu deinem Gericht hinzufügst, um sie zu verbrauchen, ist das völlig in Ordnung, du solltest keine Zutaten wegschmeißen müssen. Achte auf die im Rezept angegeben Portionsgrößen und passe diese nach Bedarf an, je nachdem, ob du allein für dich kochst oder für die ganze Familie.

Wenn du für dich allein die Speisen zubereitest, kannst du z.B. beim Brot auch nur die Hälfte der Zutaten verwenden und so ein kleineres Brot backen. Übrig gebliebene Brotscheiben lassen sich auch prima einfrieren.

Bereite dir am Tag 7 gern eine Portion mehr vom Frühstück zu, so kannst du in Woche 2 zum Wochenstart ein leckeres Frühstück ohne viel Vorbereitungszeit genießen.

TAG

1

FRÜHSTÜCK

Pfannen-Porridge • S. 52

KALORIEN	EIWEISS	KOHLENHYDRATE	FETT
439 kcal	18 g	33 g	24 g

MITTAG

Bohnensalat mit Ofentomaten • S. 82

KALORIEN	EIWEISS	KOHLENHYDRATE	FETT
435 kcal	13 g	23 g	28 g

ABENDESSEN

Salat mit Hähnchen im Asia Style • S. 172

KALORIEN	EIWEISS	KOHLENHYDRATE	FETT
485 kcal	52 g	10 g	25 g

	KALORIEN	EIWEISS	KOHLENHYDRATE	FETT
GESAMTWERT:	1359 kcal	83 g	66 g	77 g

TAG 2

FRÜHSTÜCK

2 Scheiben Dinkel-Brot mit Belag nach Wahl • S. 226

KALORIEN	EIWEISS	KOHLENHYDRATE	FETT
424 kcal	20 g	39 g	21 g

MITTAG

Wokgemüse mit Putenbrust • S. 194

KALORIEN	EIWEISS	KOHLENHYDRATE	FETT
456 kcal	58 g	21 g	15 g

ABENDESSEN

Gefaltete Eier mit Avocado und Pilzen • S. 160

KALORIEN	EIWEISS	KOHLENHYDRATE	FETT
511 kcal	20 g	8 g	43 g

GESAMTWERT:	1391 kcal	98 g	68 g	79 g

TAG 3

FRÜHSTÜCK

Kokosjoghurt mit Beeren • S. 68

KALORIEN	EIWEISS	KOHLENHYDRATE	FETT
453 kcal	11 g	21 g	35 g

MITTAG

Gebackener Kürbis S. 112 | **1 Scheibe Dinkel-Brot** S. 226

KALORIEN	EIWEISS	KOHLENHYDRATE	FETT
435 kcal	15 g	15 g	33 g
158 kcal	6 g	19 g	6 g

ABENDESSEN

Hähnchen süß-sauer mit Konjakreis • S. 166

KALORIEN	EIWEISS	KOHLENHYDRATE	FETT
361 kcal	35 g	15 g	16 g

GESAMTWERT:	1407 kcal	67 g	70 g	90 g

TAG 4

FRÜHSTÜCK

Mandel-Overnight-Oats mit Früchten • S. 60

KALORIEN	EIWEISS	KOHLENHYDRATE	FETT
477 kcal	13 g	43 g	16 g

MITTAG

Grünes Hähnchen Curry • S. 178

KALORIEN	EIWEISS	KOHLENHYDRATE	FETT
421 kcal	31 g	13 g	26 g

ABENDESSEN

Grillgemüse mit Thunfisch und Joghurt • S. 218

KALORIEN	EIWEISS	KOHLENHYDRATE	FETT
435 kcal	27 g	14 g	29 g

GESAMTWERT:	1333 kcal	71 g	70 g	71 g

TAG 5

FRÜHSTÜCK

Granola mit Milch und Beeren • S. 58

KALORIEN	EIWEISS	KOHLENHYDRATE	FETT
479 kcal	16 g	23 g	33 g

MITTAG

Smashed Kürbis mit Pesto • S. 136

KALORIEN	EIWEISS	KOHLENHYDRATE	FETT
422 kcal	9 g	20 g	32 g

ABENDESSEN

Linsensalat mit Hähnchen • S. 202

KALORIEN	EIWEISS	KOHLENHYDRATE	FETT
481 kcal	37 g	32 g	20 g

GESAMTWERT:	1382 kcal	62 g	75 g	85 g

TAG 6

FRÜHSTÜCK

Schoko-Porridge • S. 50

KALORIEN	EIWEISS	KOHLENHYDRATE	FETT
374 kcal	17 g	30 g	15 g

MITTAG

Gefüllte Paprika mit Blumenkohl-Butter-Reis • S. 192

KALORIEN	EIWEISS	KOHLENHYDRATE	FETT
606 kcal	39 g	37 g	33 g

ABENDESSEN

Geröstete Blumenkohlsuppe • S. 124

KALORIEN	EIWEISS	KOHLENHYDRATE	FETT
374 kcal	14 g	11 g	29 g

GESAMTWERT:			
1354 kcal	70 g	78 g	77 g

TAG 7

FRÜHSTÜCK

3 Super luftige Pancakes mit Feigen und Joghurt • S. 38

KALORIEN	EIWEISS	KOHLENHYDRATE	FETT
128 kcal	8 g	15 g	4 g

MITTAG

Quinoa Bratlinge mit Salat • S. 128

KALORIEN	EIWEISS	KOHLENHYDRATE	FETT
638 kcal	21 g	42 g	41 g

ABENDESSEN

Low Carb Pizzarolle • S. 186

KALORIEN	EIWEISS	KOHLENHYDRATE	FETT
601 kcal	46 g	6 g	43 g

GESAMTWERT:			
1367 kcal	75 g	63 g	88 g

2

WOCHE

TIPPS ZUM START IN WOCHE 2

Prima, du hast deine erste Woche mit gesunder Low Carb Ernährung gemeistert. Lass uns direkt mit Woche 2 weitermachen. Wir möchten dich mit unserem Plan dabei unterstützen, dass du ein Gefühl dafür bekommst, wie du deine Hauptmahlzeiten jeden Tag zusammenstellen kannst. Deshalb findest du auch in Woche 2 viele verschiedene Rezeptideen. Die Tage im Plan sollen dich hungrig darauf machen, Neues auszuprobieren und zu entdecken.

Wenn du dir in Woche 1 am Tag 7 mehr Pancakes zubereitest hast, kannst du dir diese nun am Tag 1 in Woche 2 noch einmal schmecken lassen und sparst Zeit für die Zubereitung. Um dir zu zeigen, dass man mit der gleichen Rezeptidee an mehreren Tagen einiges an Zeit sparen und Zutaten verbrauchen kann, findest du für Tag 4 und Tag 5 in dieser Woche die gleiche Rezeptidee. So kannst du die Birne komplett verbrauchen und musst nur einmal deine Zutaten in der Pfanne anrösten. Also verwende einfach die doppelte Menge am Tag 4 in der Vorbereitung und spare am Tag 5 ein bisschen Zeit. So kannst du auch nach Belieben mit anderen Mahlzeiten verfahren.

TAG

1

FRÜHSTÜCK

3 Super luftige Pancakes mit Feigen und Joghurt • S. 38

KALORIEN	EIWEISS	KOHLENHYDRATE	FETT
128 kcal	8 g	15 g	4 g

MITTAG

Kürbissuppe mit Curry • S. 118

KALORIEN	EIWEISS	KOHLENHYDRATE	FETT
735 kcal	10 g	28 g	64 g

ABENDESSEN

Wokgemüse mit Putenbrust • S. 194

KALORIEN	EIWEISS	KOHLENHYDRATE	FETT
456 kcal	58 g	21 g	15 g

	KALORIEN	EIWEISS	KOHLENHYDRATE	FETT
GESAMTWERT:	1319 kcal	76 g	64 g	83 g

TAG 2

FRÜHSTÜCK

Power-Frucht-Shake S. 32 | 1 Riegel S. 246

KALORIEN	EIWEISS	KOHLENHYDRATE	FETT
199 kcal	9 g	27 g	5 g
179 kcal	7 g	6 g	13 g

MITTAG

Portugiesischer Bohneneintopf „Alentejo“ • S. 214

KALORIEN	EIWEISS	KOHLENHYDRATE	FETT
365 kcal	22 g	20 g	20 g

ABENDESSEN

Hähnchenauflauf mit Brokkoli und Käse • S. 204

KALORIEN	EIWEISS	KOHLENHYDRATE	FETT
632 kcal	40 g	8 g	49 g

GESAMTWERT:	1375 kcal	78 g	61 g	87 g

TAG 3

FRÜHSTÜCK

Pfannen-Porridge • S. 52

KALORIEN	EIWEISS	KOHLENHYDRATE	FETT
439 kcal	18 g	33 g	24 g

MITTAG

Hähnchenbrust mit Pilzen und Selleriepüree • S. 184

KALORIEN	EIWEISS	KOHLENHYDRATE	FETT
736 kcal	45 g	8 g	58 g

ABENDESSEN

Kichererbsen-Tikka-Masala im Salatblatt • S. 108

KALORIEN	EIWEISS	KOHLENHYDRATE	FETT
190 kcal	9 g	19 g	7 g

GESAMTWERT:	1365 kcal	72 g	60 g	89 g

TAG 4

FRÜHSTÜCK

Pfannenmüsli mit Birne und Joghurt • S. 46

KALORIEN	EIWEISS	KOHLENHYDRATE	FETT
350 kcal	15 g	23 g	22 g

MITTAG

Bunte Gemüsebowl mit Tofu • S. 90

KALORIEN	EIWEISS	KOHLENHYDRATE	FETT
645 kcal	27 g	46 g	36 g

ABENDESSEN

Luftiges Omelett mit frischem Salat • S. 154

KALORIEN	EIWEISS	KOHLENHYDRATE	FETT
396 kcal	22 g	10 g	29 g

GESAMTWERT:	KALORIEN	EIWEISS	KOHLENHYDRATE	FETT
	1391 kcal	64 g	79 g	87 g

TAG 5

FRÜHSTÜCK

Pfannenmüsli mit Birne und Joghurt • S. 46

KALORIEN	EIWEISS	KOHLENHYDRATE	FETT
350 kcal	15 g	23 g	22 g

MITTAG

Hähnchen süß-sauer mit Konjakreis • S. 166

KALORIEN	EIWEISS	KOHLENHYDRATE	FETT
361 kcal	35 g	15 g	16 g

ABENDESSEN

Tomatensalat mit Burrata und 1 Naan Brot • S. 76

KALORIEN	EIWEISS	KOHLENHYDRATE	FETT
635 kcal	24 g	39 g	40 g

GESAMTWERT:	KALORIEN	EIWEISS	KOHLENHYDRATE	FETT
	1346 kcal	74 g	77 g	78 g

TAG 6

FRÜHSTÜCK

Gefaltete Eier mit Avocado und Pilzen • S. 160

KALORIEN	EIWEISS	KOHLENHYDRATE	FETT
511 kcal	20 g	8 g	43 g

MITTAG

Karibischer Fisch auf Spitzkohlsalat • S. 210

KALORIEN	EIWEISS	KOHLENHYDRATE	FETT
492 kcal	31 g	24 g	29 g

ABENDESSEN

Low Carb Burritos • S. 92

KALORIEN	EIWEISS	KOHLENHYDRATE	FETT
325 kcal	16 g	34 g	12 g

GESAMTWERT:	1328 kcal	67 g	66 g	84 g

TAG 7

FRÜHSTÜCK

Eierkuchen mit Beeren • S. 64

KALORIEN	EIWEISS	KOHLENHYDRATE	FETT
252 kcal	12 g	39 g	5 g

MITTAG

Hamshuka • S. 168

KALORIEN	EIWEISS	KOHLENHYDRATE	FETT
748 kcal	53 g	27 g	45 g

ABENDESSEN

Feta-Gurken-Spieße mit Salat • S. 96

KALORIEN	EIWEISS	KOHLENHYDRATE	FETT
369 kcal	11 g	9 g	32 g

GESAMTWERT:	1369 kcal	76 g	75 g	82 g

3

WOCHE

TIPPS ZUM START IN WOCHE 3

Wahnsinn, lass uns einen kleinen Freudentanz machen, du hast die 2. Woche geschafft. Wir hoffen, du fühlst dich gut und bist startklar für Woche 3. Auch in dieser Woche warten viele leckere Rezepte auf dich.

Am Tag 3 darfst du dir eine Rote Linsen Dal kochen und schmecken lassen. Die restliche Rote Linsen Dal verwendest du dann am nächsten Tag für dein Mittag. Die Eiweißbrötchen kannst du dir direkt am Morgen oder am Abend zuvor zubereiten. Wenn du allein für dich backst, kannst du dir das zweite Brötchen einfrieren und an einem anderen Tag noch einmal schmecken lassen.

Am Tag 6 steht Labneh auf dem Plan, diese Zutat für dein Frühstück musst du bereits einen Tag zuvor vorbereiten, alternativ kannst du auch einfach Joghurt verwenden. Wir empfehlen dir, Labneh auf jeden Fall einmal auszuprobieren, die Konsistenz ist so angenehm cremig.

TAG

1

			KALORIEN	EIWEISS	KOHLENHYDRATE	FETT
FRÜHSTÜCK		Puuro - finischer Haferbrei mit Granatapfel • S. 66	320 kcal	11 g	38 g	14 g
MITTAG		Steak mit Spitzkohl und Fava-Püree • S. 180	700 kcal	47 g	28 g	42 g
ABENDESSEN		Japanischer Lachs-Salat • S. 208	298 kcal	14 g	8 g	22 g
		GESAMTWERT:	1318 kcal	72 g	74 g	78 g

TAG

2

FRÜHSTÜCK

Frühstücksbowl mit Apfel und Feige • S. 44

KALORIEN	EIWEISS	KOHLENHYDRATE	FETT
303 kcal	15 g	28 g	14 g

MITTAG

Gemüsebowl mit Ei und Sprossen • S. 156

KALORIEN	EIWEISS	KOHLENHYDRATE	FETT
645 kcal	21 g	35 g	45 g

ABENDESSEN

Gefüllte Auberginen in Tomatensauce • S. 106

KALORIEN	EIWEISS	KOHLENHYDRATE	FETT
465 kcal	27 g	19 g	30 g

GESAMTWERT:	1413 kcal	63 g	82 g	89 g

TAG

3

FRÜHSTÜCK

Schoko-Porridge • S. 50

KALORIEN	EIWEISS	KOHLENHYDRATE	FETT
374 kcal	17 g	30 g	15 g

MITTAG

Rote Linsen Dal • S. 130

KALORIEN	EIWEISS	KOHLENHYDRATE	FETT
402 kcal	20 g	42 g	16 g

ABENDESSEN

Hähnchenauflauf mit Brokkoli und Käse • S. 204

KALORIEN	EIWEISS	KOHLENHYDRATE	FETT
632 kcal	40 g	8 g	49 g

GESAMTWERT:	1408 kcal	77 g	80 g	80 g

TAG 4

FRÜHSTÜCK

Eiweiß-Brötchen mit Frischkäse • S. 232

KALORIEN	EIWEISS	KOHLENHYDRATE	FETT
496 kcal	32 g	6 g	37 g

MITTAG

Salat-Wraps mit Linsen Dal • S. 132

KALORIEN	EIWEISS	KOHLENHYDRATE	FETT
474 kcal	24 g	46 g	19 g

ABENDESSEN

Luftiges Omelett mit frischem Salat • S. 154

KALORIEN	EIWEISS	KOHLENHYDRATE	FETT
396 kcal	22 g	10 g	29 g

GESAMTWERT:	1366 kcal	78 g	62 g	85 g

TAG 5

FRÜHSTÜCK

Vitaler Power Smoothie S. 28 | 1 Riegel S. 238

KALORIEN	EIWEISS	KOHLENHYDRATE	FETT
161 kcal	4 g	10 g	9 g
201 kcal	6 g	19 g	7 g

MITTAG

Salat mit Hähnchen im Asia Style • S. 172

KALORIEN	EIWEISS	KOHLENHYDRATE	FETT
485 kcal	52 g	10 g	25 g

ABENDESSEN

Gefüllte Aubergine mit Kichererbsen • S. 122

KALORIEN	EIWEISS	KOHLENHYDRATE	FETT
531 kcal	14 g	27 g	37 g

GESAMTWERT:	1378 kcal	76 g	66 g	78 g

TAG

6

FRÜHSTÜCK

Labneh mit Granola und Beeren • S. 54

KALORIEN	EIWEISS	KOHLENHYDRATE	FETT
366 kcal	13 g	14 g	27 g

MITTAG

Ofen-Hähnchen mit Harissa und Gemüse • S. 196

KALORIEN	EIWEISS	KOHLENHYDRATE	FETT
683 kcal	65 g	24 g	35 g

ABENDESSEN

Weiße Riesenbohnen mit Paprika und Tomaten • S. 94

KALORIEN	EIWEISS	KOHLENHYDRATE	FETT
315 kcal	12 g	30 g	12 g

GESAMTWERT:	1364 kcal	90 g	68 g	74 g

TAG

7

FRÜHSTÜCK

Open Omelett mit Tomaten • S. 158

KALORIEN	EIWEISS	KOHLENHYDRATE	FETT
357 kcal	21 g	4 g	28 g

MITTAG

Königsberger Klopse mit Pastinakenpüree • S. 200

KALORIEN	EIWEISS	KOHLENHYDRATE	FETT
709 kcal	27 g	29 g	53 g

ABENDESSEN

Gefüllte Zucchinipäckchen • S. 120

KALORIEN	EIWEISS	KOHLENHYDRATE	FETT
323 kcal	19 g	36 g	9 g

GESAMTWERT:	1389 kcal	67 g	69 g	90 g

4

WOCHE

TIPPS ZUM START IN WOCHE 4

Du bist spitze! Du bist nun in Woche 4 angekommen. Im Laufe der letzten Wochen hast du viele tolle Rezepte ausprobiert und nachgekocht. Auch in dieser Woche kannst du wieder neue Gerichte für dich entdecken. Im Plan findest du leckere Ideen abwechslungsreich zusammengestellt.

Freu dich z.B. auf köstliche Süßkartoffel-Burger am Tag 3. Je nachdem, ob du sie für dich allein oder für mehrere Personen zubereitest, kannst du die Reste der Süßkartoffel am Tag 5 zu einem Püree verarbeiten. Versuche immer, Zutaten aufzubrauchen, sodass du nichts wegschmeißen musst. Integriere z.B. kleine Reste in eine Mahlzeit, wo es passt.

Eine gute Variante, Gemüsereste zu verarbeiten, ist es auch, diese in einem großen Zipbeutel einzufrieren. Wenn der Beutel voll ist, kannst du aus den Resten einen Gemüse Fond kochen.

TAG

1

FRÜHSTÜCK

Porridge mit Beeren • S. 40

KALORIEN	EIWEISS	KOHLENHYDRATE	FETT
292 kcal	10 g	28 g	15 g

MITTAG

Lachs im Asia Style mit Mango-Salsa • S. 222

KALORIEN	EIWEISS	KOHLENHYDRATE	FETT
550 kcal	34 g	17 g	37 g

ABENDESSEN

Gemüse-Nudel-Salat • S. 114

KALORIEN	EIWEISS	KOHLENHYDRATE	FETT
512 kcal	21 g	31 g	31 g

GESAMTWERT:	KALORIEN	EIWEISS	KOHLENHYDRATE	FETT
	1354 kcal	65 g	76 g	83 g

TAG 2

FRÜHSTÜCK

Kokosjoghurt mit Beeren • S. 68

KALORIEN	EIWEISS	KOHLENHYDRATE	FETT
453 kcal	11 g	21 g	35 g

MITTAG

Garnelensalat mit Avocado und Mango • S. 216

KALORIEN	EIWEISS	KOHLENHYDRATE	FETT
495 kcal	14 g	25 g	35 g

ABENDESSEN

Wokgemüse mit Putenbrust • S. 194

KALORIEN	EIWEISS	KOHLENHYDRATE	FETT
456 kcal	58 g	21 g	15 g

GESAMTWERT:	1404 kcal	83 g	67 g	85 g

TAG 3

FRÜHSTÜCK

Labneh mit Granola und Beeren • S. 54

KALORIEN	EIWEISS	KOHLENHYDRATE	FETT
366 kcal	13 g	14 g	27 g

MITTAG

Süßkartoffel-Burger mit Aioli • S. 174

KALORIEN	EIWEISS	KOHLENHYDRATE	FETT
623 kcal	28 g	27 g	43 g

ABENDESSEN

Linsensalat mit geröstetem Blumenkohl • S. 74

KALORIEN	EIWEISS	KOHLENHYDRATE	FETT
383 kcal	18 g	32 g	18 g

GESAMTWERT:	1372 kcal	59 g	73 g	88 g

TAG 4

FRÜHSTÜCK

Grüner Smoothie • S. 26 | **1 Vital-Kekse • S. 244**

KALORIEN	EIWEISS	KOHLENHYDRATE	FETT
91 kcal	2 g	19 g	0 g
131 kcal	3 g	4 g	12 g

MITTAG

Salatbowl mit Sprossen und Avocado • S. 80

KALORIEN	EIWEISS	KOHLENHYDRATE	FETT
372 kcal	6 g	30 g	23 g

ABENDESSEN

Gyros mit Kohlrabi Pommes • S. 198

KALORIEN	EIWEISS	KOHLENHYDRATE	FETT
749 kcal	68 g	25 g	39 g

GESAMTWERT:	1343 kcal	79 g	78 g	74 g

TAG 5

FRÜHSTÜCK

Granola mit Milch und Beeren • S. 58

KALORIEN	EIWEISS	KOHLENHYDRATE	FETT
479 kcal	16 g	23 g	33 g

MITTAG

Ofen-Blumenkohl • S. 102

KALORIEN	EIWEISS	KOHLENHYDRATE	FETT
462 kcal	13 g	36 g	28 g

ABENDESSEN

Grünes Hähnchen Curry • S. 178

KALORIEN	EIWEISS	KOHLENHYDRATE	FETT
421 kcal	31 g	13 g	26 g

GESAMTWERT:	1362 kcal	60 g	72 g	87 g

TAG 6

FRÜHSTÜCK

1 Eierkuchen mit Beeren • S. 64

KALORIEN	EIWEISS	KOHLENHYDRATE	FETT
252 kcal	12 g	39 g	5 g

MITTAG

Harissa-Hähnchen mit Kichererbsen • S. 176

KALORIEN	EIWEISS	KOHLENHYDRATE	FETT
855 kcal	57 g	23 g	58 g

ABENDESSEN

Vital-Booster-Salat • S. 72

KALORIEN	EIWEISS	KOHLENHYDRATE	FETT
217 kcal	4 g	11 g	17 g

GESAMTWERT:			
1324 kcal	73 g	73 g	80 g

TAG 7

FRÜHSTÜCK

1 Bagel mit Belag • S. 228

KALORIEN	EIWEISS	KOHLENHYDRATE	FETT
512 kcal	18 g	48 g	27 g

MITTAG

Gefaltete Eier mit Avocado und Pilzen • S. 160

KALORIEN	EIWEISS	KOHLENHYDRATE	FETT
511 kcal	20 g	8 g	43 g

ABENDESSEN

Hähnchen süß-sauer mit Konjakreis • S. 166

KALORIEN	EIWEISS	KOHLENHYDRATE	FETT
361 kcal	35 g	5 g	16 g

GESAMTWERT:			
1384 kcal	73 g	71 g	86 g

So geht´s weiter
NACH DEM 4-WOCHEN-PLAN

Nach dem du erfolgreich den 4-Wochen-Ernährungsplan absolviert hast, kannst du entweder direkt von vorn mit dem gleichen Plan beginnen oder dir nun selbst deine Mahlzeiten zusammen stellen.

Ideal für die Planung deiner Mahlzeiten ist unser Low Carb Meal Planner. Du kannst selbst deine Gerichte zusammenstellen oder den Wochenplan nutzen, der für jede Kalenderwoche neu erscheint.

MEHR INFOS DAZU FINDEST DU HIER:

lowcarbrezepte.org/mealplanner

Wie berechne ich
MEINEN KALORIENBEDARF?

Eine Kilokalorie entspricht 1000 Kalorien
1.000 Kalorien (cal) = 1 Kilokalorie (kcal)

Joule oder Kilojoule sind die "neuere" Form der Energienangabe.
1.000 Joule (J) = 1 Kilojule (KJ)

Dein Kalorienbedarf setzt sich aus dem Grundumsatz und dem Leistungsumsatz zusammen.

GRUNDUMSATZ

Der Grundumsatz ist die Energiemenge, die dein Körper im absoluten Ruhezustand benötigt, um die lebensnotwendigen Körperfunktionen aufrecht zu erhalten. Männer haben i.d.R. mehr Muskelmasse als Frauen, daher haben sie auch einen höheren Grundumsatz.

EINFACHE BESTIMMUNG DES GRUNDUMSATZES

Grundumsatz
Mann
= 1 x (Gewicht in kg) x 24

Grundumsatz
Frau
= 0,9 x (Gewicht in kg) x 24

Beispiel:

♂ **GRUNDUMSATZ MANN** • 80 kg

1 x 80 kg x 24 = 1.920 kcal

♀ **GRUNDUMSATZ FRAU** • 70 kg

0,9 x 70 kg x 24 = 1.512 kcal

(Sportler erhöhen den Faktor um 0,1 Punkte, wegen potentieller größerer Muskelmasse)

Die einfache Berechnung des Grundumsatzes berücksichtigt nicht die Körpergröße und das Alter. Für eine genauere Berechnung des Grundumsatzes ist daher die Benutzung der Formel nach Harris Benedict zu empfehlen.

GRUNDUMSATZ BERECHNEN NACH DER HARRIS-BENEDICT-FORMEL

Grundumsatz **Mann** (kcal/24 h) → 66,47 + (13,7 x Körpergewicht [kg]) + (5 x Körpergrösse [cm]) - (6,8 x Alter [Jahre])

Beispiel:

♂ **GRUNDUMSATZ MANN** • 80 kg, 180 cm, 30 Jahre

Grundumsatz (kcal/24 h)	66,47	+ (13,7 x 80 kg)	+ (5 x 180 cm)	- (6,8 x 30 Jahre)
Grundumsatz (kcal/24 h)	66,47	+ 1.096	+ 900	- 204
Grundumsatz (kcal/24 h)	1.859 kcal			

Grundumsatz **Frau** (kcal/24 h) → 655,1 + (9,6 x Körpergewicht [kg]) + (1,8 x Körpergrösse [cm]) - (4,7 x Alter [Jahre])

Beispiel:

♀ **GRUNDUMSATZ FRAU** • 70 kg, 170 cm, 30 Jahre

Grundumsatz (kcal/24 h)	655,1	+ (9,6 x 70 kg)	+ (1,8 x 170 cm)	- (4,7 x 30 Jahre)
Grundumsatz (kcal/24 h)	655,1	+ 672	+ 306	- 141
Grundumsatz (kcal/24 h)	1.492 kcal			

LEISTUNGSUMSATZ

Die zusätzliche Energie, die der Körper pro Tag für körperliche Aktivitäten benötigt, wird als Leistungsumsatz bezeichnet. Diese Energiemenge kann sich von Person zu Person sehr stark unterscheiden, je nachdem, was für eine Tätigkeit ausgeübt wird und wie aktiv die Person ist.

EINFACHE BESTIMMUNG DES LEISTUNGSUMSATZES

+20 %
des Grundumsatzes

SEHR LEICHTE TÄTIGKEIT
(z.B. sitzende Tätigkeit)

+50 %
des Grundumsatzes

MITTLERE TÄTIGKEIT
(z.B. Hausarbeit, Montage, Garten)

+100 %
des Grundumsatzes

SCHWERE TÄTIGKEIT
(z.B. Bauarbeiter, Möbelpacker)

Beispiel:

MANN MIT LEICHTER TÄTIGKEIT

	1.920 kcal	(Grundumsatz)
+	384 kcal	(20 % des Grundumsatzes)
	2.304 kcal	Gesamtumsatz

FRAU MIT LEICHTER TÄTIGKEIT

	1.512 kcal	(Grundumsatz)
+	302 kcal	(20 % des Grundumsatzes)
	1.814 kcal	Gesamtumsatz

Grund- und Leistungsumsatz unterliegen großen individuellen und tagesabhängigen Schwankungen. Deshalb handelt es sich bei Berechnungen des Energiebedarfs eines Menschen nur um grobe Schätzwerte.

GENAUERE BESTIMMUNG DES LEISTUNGSUMSATZES

Mit Hilfe der PAL Werte lässt sich der Energiebedarf genauer ermitteln. PAL ist die englische Abkürzung für **physical activity level** und ist das Maß für die körperliche Aktivität.

0,95 schlafen, Nachtruhe

1,2-1,3 gebrechliche, immobile, bettlägerige Menschen (ausschließlich sitzende oder liegende Lebensweise)

1,4-1,5 Büroangestellte, Feinmechaniker (ausschließlich sitzende Tätigkeit mit wenig oder keiner anstrengenden Freizeitaktivität)

1,6-1,7 Laboranten, Studenten, Fließbandarbeiter (sitzende Tätigkeit, zeitweilig auch zusätzlicher Energieaufwand für gehende und stehende Tätigkeiten, wenig oder keine anstrengende Freizeitaktivität)

1,8-1,9 Verkäufer, Kellner, Mechaniker, Handwerker (überwiegend gehende und stehende Arbeit)

2,0-2,4 Bauarbeiter, Landwirte, Waldarbeiter, Bergarbeiter, Leistungssportler (körperlich anstrengende berufliche Arbeit oder sehr aktive Freizeittätigkeit)

DER PAL WERT KANN SICH IM LAUFE DES TAGES MEHRMALS VERÄNDERN.

Beispiel:

BERECHUNG DES DURCHSCHNITTLICHEN PAL WERTES
mit 8 Std. Schlaf, 8 Std. Bürotätigkeit (Arbeit), 8 Std. sitzende Tätigkeit, zeitweilig auch zusätzlicher Energieaufwand für gehende und stehende Tätigkeiten (Freizeit)

Durchschnittlicher PAL Wert	((8 Std. x 0,95)	+ (8 Std. x 1,5)	+ (8 Std. x 1,6))	: 24 h
Durchschnittlicher PAL Wert	7,6	+ 12	+ 12,8	: 24 h
Durchschnittlicher PAL Wert	1,35			

♀ **BERECHNUNG GESAMTUMSATZ**
mit durchschnittlichem PAL Wert (Frau Grundumsatz 1.492 kcal)

Gesamtumsatz	Grundumsatz	x Durchschnittlicher PAL Wert
Gesamtumsatz	1.492 kcal	x 1,35
Gesamtumsatz	2.014 kcal	

Kalorienverbrauch

Natürlich beeinflussen auch Sport und andere Aktivitäten deinen täglichen Kalorienverbrauch. Hier findest du eine Übersicht an Sportarten und körperlichen Aktivitäten. Je höher das Gewicht ist, desto mehr Kalorien verbraucht der Körper für die Aktivität. In der Tabelle ist der Kalorienverbrauch für verschiedene Tätigkeiten aus dem Alltag und für sportliche Aktivitäten angegeben. Die Angaben sind für 15 Minuten in kcal berechnet. Tabelle herunterladen: lowcarbrezepte.org/b5-downloads

KALORIENVERBRAUCH AKTIVITÄTEN

	55-64 kg	65-74 kg	75-84 kg	85-94 kg	95-104 kg
Auto fahren	22	30	37	43	50
Blumen gießen	38	44	50	56	62
Betten machen	31	36	41	46	51
Bügeln	25	32	36	41	47
Fegen	50	58	66	74	82
Fernsehen	18	23	27	31	35
Klavier spielen	35	41	47	53	60
Kochen	31	38	45	52	59
Einkäufe tragen	94	112	130	148	164
Putzen	51	60	72	78	89
Rasenmähen	92	111	126	141	159
Sex	136	150	164	183	199
Shopping	51	60	71	78	90
Spielen mit Kindern	42	49	56	63	70
Staubsaugen	50	61	72	83	94
Treppensteigen	112	132	153	174	192

KALORIENVERBRAUCH SPORT

	55-64 kg	65-74 kg	75-84 kg	85-94 kg	95-104 kg
Aerobic	80	96	110	125	142
Aqua-Fitness	110	129	148	167	188
Badminton	80	94	110	123	138
Basketball	114	135	153	176	197
Beachvolleyball	106	115	124	131	140
Bowling	80	95	110	125	137
Crosstrainer	40	43	46	49	52
Fußball	114	134	154	176	195
Golf	71	83	96	109	122
Gymnastik	54	65	72	85	95
Inlineskaten	93	100	107	114	121
Jogging langsam	113	132	152	165	195
Jogging schnell	165	210	241	270	300
Mountain Biking	119	140	162	183	206
Pilates	40	43	46	49	52
Qigong	40	43	46	49	52
Radfahren 10 km/h	51	63	72	81	92
Radfahren 15 km/h	83	98	113	128	145
Schwimmen Brust	134	158	183	206	231
Schwimmen Kraul	128	152	174	199	222
Skaten	96	111	132	150	167
Ski fahren	93	100	107	114	121
Snowboarden	112	133	154	173	193
Segeln	45	56	66	76	87
Spazieren gehen	54	62	71	78	86
Spinning	140	165	191	216	242
Stepper	86	93	100	107	114
Squash	176	207	239	269	304
Tanzen	66	72	78	84	90
Tennis	90	107	124	140	156
Volleyball	42	50	56	64	72
Walken - Leicht	62	73	84	96	108
Walken - Power	80	95	111	126	139
Windsurfen	58	69	80	89	101
Yoga	52	60	71	78	90
Zumba	86	93	100	107	114

Register

EINLEITUNG

FRÜHSTÜCK

VEGETARISCH

VEGETARISCH

EI, OMELETT & CO.

FLEISCH

BACKWAREN & CO.

BASICS

DEIN PLAN

KALORIEN-BEDARF

Danke

ALLE TRÄUME KÖNNEN WAHR WERDEN,
WENN WIR DEN MUT HABEN, IHNEN ZU FOLGEN.
- WALT DISNEY -

Lieben Dank an alle, die mit uns die gesunde Low Carb Ernährung leben wollen. Wir freuen uns, euch mit leckeren Rezepten in unseren Büchern, auf unserer Webseite und auf den Social Media Kanälen inspirieren zu dürfen und über euer tolles Feedback.

Einen ganz lieben Dank an Ana, die uns viele, viele Inspirationen gegeben und sich mit uns endlose Tage und Nächte um die Ohren geschlagen hat, um all unsere Wünsche und ihre Ideen grafisch wunderbar umzusetzen. Eine fantastische Arbeit liebe Ana - Es ist so toll geworden!

Einen ganz lieben Dank an Eva, die im Hintergrund alles Technische umgesetzt hat, damit wir unseren 4-Wochen-Ernährungsplan auch digital mit den vielen Rezepten in unserem Meal Planner abbilden können.

Einen ganz lieben Dank an unsere Familie, die uns immer unterstützt bei allen großen und kleinen Vorhaben. Wir sind so froh und dankbar, euch zu haben. Einen besonderen Dank an unsere wunderbaren Kinder, die uns die Kraft und die Zeit gegeben haben, uns unserem 5. Buchprojekt zu widmen. Wir lieben euch so sehr.

Einen ganz lieben Dank an Nadine, die dicke Papierstapel gewälzt und mit uns zusammen alle Seiten von vorne bis hinten gelesen, gelesen und gelesen hat.

Einen ganz lieben Dank an Elisa für das Fotoshooting, wir hatten so viel Freude und Spaß zusammen in unserer Office-Küche und es sind tolle Bilder entstanden.

Vielen Dank an alle – wir wissen das sehr zu schätzen.

Impressum

1. Auflage 2024

IDEE, REZEPT- UND PLANENTWICKLUNG Sandra und Mirco Stupning
COVER UND GESTALTUNG Ana Gudiño Aguilar
TEXT UND FOTOGRAFIE Sandra und Mirco Stupning
AUTORENFOTO Elisa Wichura
DRUCK UND BINDUNG Neografia, Slowakei

ISBN 978-3-9822817-3-5

Die Informationen und Ratschläge in diesem Buch sind von den Autoren sorgfältig erwogen und geprüft, dennoch kann eine Garantie nicht übernommen werden. Insbesondere kann ein Abnehmerfolg mit dem Plan nicht garantiert werden, da dieser von unterschiedlichen Faktoren abhängig ist, vor allem ist die richtige Durchführung des Plans und die eigene Disziplin entscheidend sowie der Gesundheitszustand.

Hinweis: Personen, die an Diabetes oder an einer Stoffwechselerkrankung erkrankt sind, oder schwanger sind, wird die Verwendung des Plans ohne vorherige Rücksprache mit ihrem Arzt nicht empfohlen. Auch zur Behandlung krankhaften Übergewichts (Adipositas) ist der Plan ohne vorherige Rücksprache mit ihrem Arzt nicht empfehlenswert.

Eine Haftung der Autoren für Personen-, Sach- und Vermögensschäden ist ausgeschlossen.

Besuche uns auf